JN301866

子ども・高齢者・福祉・介護

③ 幼児が喜ぶフェルトの マスコットづくり
p.14

草木染めの羊毛でつくったマスコット

生活一般・環境

⑭ 騒音や煤煙を考えよう　　　　　　　　p.58

ザルツマン試薬による二酸化窒素の測定

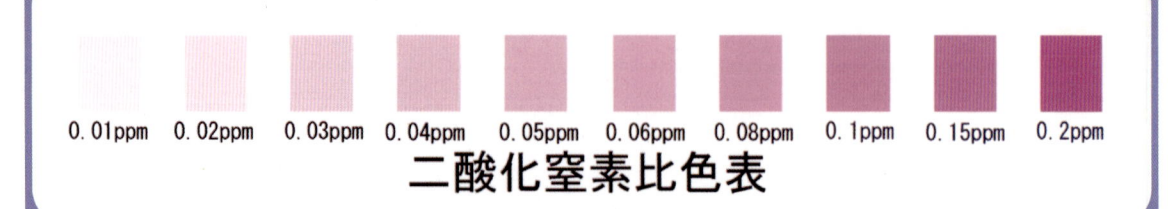

0.01ppm　0.02ppm　0.03ppm　0.04ppm　0.05ppm　0.06ppm　0.08ppm　0.1ppm　0.15ppm　0.2ppm

二酸化窒素比色表

衣・食・住

⑤ 羊毛の草木染めでつくってみよう　　　　　　　　p.70

天然染料による羊毛の染色

左から藍，茜，くちなし，矢車附子，玉ねぎの皮

**ホームスパンのブレスレット（外側4点）と
しおり（内側4点）**

⑧ 草木染めと媒染剤の関係を調べよう　　　　p.76

巨峰の皮染め

	無媒染	酸媒染	アルカリ媒染
綿			
麻			
毛			
絹			
レーヨン			
アセテート			
ポリエステル			
アクリル			
ナイロン			

カモミールの花染め

	みょうばん媒染	無媒染
綿		
麻		
毛		
絹		
レーヨン		
アセテート		
ポリエステル		
アクリル		
ナイロン		

⑨ 草木染めの応用　　　　p.78

大錦鶏菊による各種繊維布の染色

	無媒染	みょうばん	酸	アルカリ
綿				
麻				
毛				
絹				
レーヨン				
アセテート				
ポリエステル				
アクリル				
ナイロン				

黄色花コスモスによる各種繊維布の染色

	無媒染	みょうばん	酸	アルカリ
綿				
麻				
毛				
絹				
レーヨン				
アセテート				
ポリエステル				
アクリル				
ナイロン				

❾ 草木染めの応用

p.78

いぬつげの実染め

	無媒染	みょうばん	酸	アルカリ
綿				
麻				
毛				
絹				
レーヨン				
ナイロン				

大錦鶏菊染め

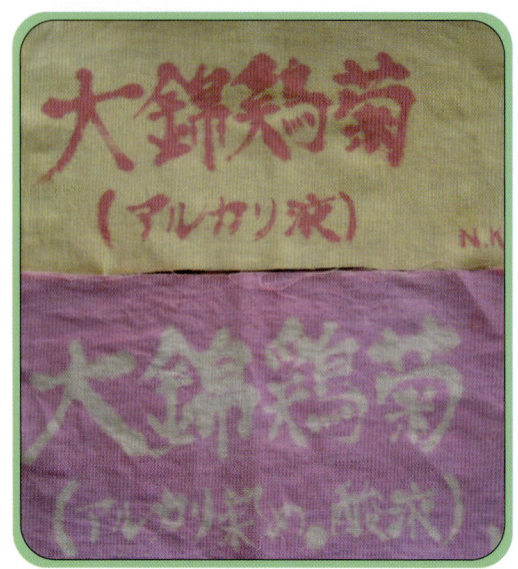

上：無媒染綿布にアルカリ液（重曹）で描く
下：アルカリ媒染綿布に酸液（くえん酸）で描く

大錦鶏菊染めのアルカリ媒染シャツの汗による変色

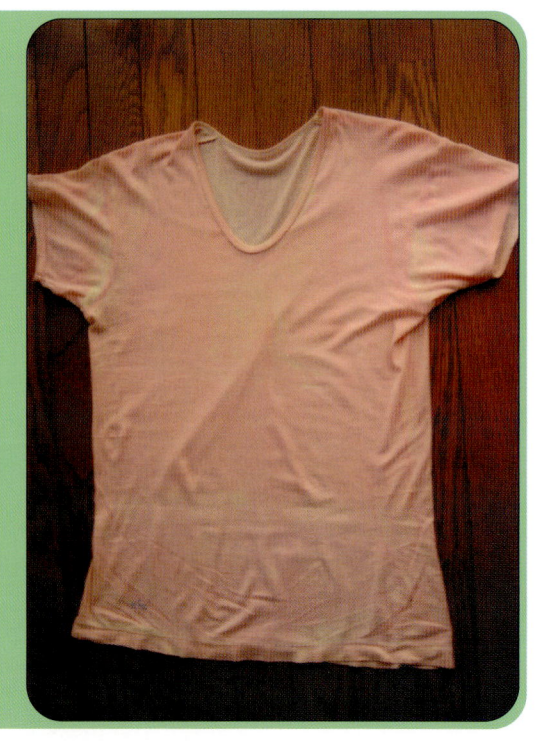

左：着用前のシャツ
右：汗をかいて変色したシャツ（黄色に変色した部分が汗をかいた部位）

安全・安心な共生社会をめざした

新 図解 家庭科の実験・観察・実習指導集

開隆堂

目　次

まえがき ……………………………………………………………………………………… 4

家庭科の実験・観察・実習について ……………………………………………………… 5

子ども・高齢者・福祉・介護 ……………………………………………………………… 8

　①子どもにとって安全なおもちゃづくり ― 手づくりおもちゃと交流の楽しさを味わう ……… 8
　②おもちゃを見直そう ― 安全なおもちゃとは？ ……………………………………… 12
　③幼児が喜ぶフェルトのマスコットづくり ― 羊毛の草木染めでつくってみよう ……… 14
　④高齢者の衣を考える ― 綿がよいわけは ……………………………………………… 16
　⑤バリアフリーを考える ― まちを歩き，観察し，写してみよう「地域のバリアフリー」 …… 18
　⑥バリアフリーを超えて ― まちを歩き，観察し，写してみよう「ユニバーサルデザイン」 …… 20
　⑦介護食をつくってみよう ……………………………………………………………… 22
　⑧介護食を食べてみよう，食べさせてみよう ………………………………………… 24
　⑨乳幼児の安全を考える ― 乳幼児の見ている世界を実感しよう …………………… 26
　⑩高齢者の食を考える ― 寝たきりでは，どんなものが食べやすい？ ……………… 28
　⑪高齢者を体験してみよう ― 寝たきり体験を通して介護を考える ………………… 30

生活一般・環境 …………………………………………………………………………… 32

　①軟水と硬水の違いを調べよう ― 硬水はおいしい？　硬水の泡立ちは？ ………… 32
　②界面活性剤の性質 ― 表面張力を下げる力とは？ …………………………………… 34
　③重曹＋天然サポニンの洗浄力 ― 昔の知恵を活用した汚れ落とし ………………… 36
　④家電製品の安全で省エネルギーになる使い方 ― 賢く省エネ家電製品 …………… 38
　⑤プラスチック類を分別しよう ― 理由を知って納得してエコ実践 ………………… 40
　⑥衣服のかびはどうして発生する ― じめじめ対策を考えよう ……………………… 42
　⑦身近な危険物を知ろう ― 乾燥剤，漂白剤，ぬめり除去剤など …………………… 44

⑧体脂肪率から食生活を考えてみよう …………………………………………………46
⑨伝統的な工芸品を知ろう ― 衣生活を中心として ……………………………………48
⑩結び方でどう違う？ ― 結びの基本を知ろう …………………………………………50
⑪風呂敷の活用 ― 風呂敷はすてきなエコバッグ ………………………………………52
⑫身近な天然素材でアンモニア臭を除去しよう ― レモンの皮でアンモニア臭を消してみよう ……54
⑬室内の悪臭の元を探し，消臭を考えよう ― シックハウス対策をしよう …………56
⑭騒音や煤煙を考えよう ― 健康的な住まい方をめざして ……………………………58
⑮ウォームビズ，クールビズを生かして，二酸化炭素の削減に役立てよう …………60

衣・食・住 …………………………………………………………………………62

①食品に含まれる水分はどれくらい？ ……………………………………………………62
②包丁を安全に上手に使いこなそう ………………………………………………………64
③食品の新鮮さを調べよう ― 卵で知る，食品は新古でこんなに違う！ ……………66
④地域に伝わる野菜を調べてみよう ………………………………………………………68
⑤羊毛の草木染めでつくってみよう ― ホームスパンのしおりやブレスレットづくり ………70
⑥しみをとってみよう ― しみの性質に合わせたしみ抜き方法とは？ ………………72
⑦豆乳を使って安全で不思議で楽しい染色 ― 濃淡染めでオリジナル染色作品をつくろう ………74
⑧草木染めと媒染剤の関係を調べよう ― くすみがちな草木染めをくっきり染めよう ………76
⑨草木染めの応用 ― 大錦鶏菊や黄花コスモスなどで染めた不思議な布 ……………78
⑩縫うということ ― 「縫いしろがある」vs「縫いしろがない」，「織物」vs「編み物」 ………82
⑪アイロンを上手に生かそう ― アイロン温度と適用繊維の関係 ……………………84
⑫夏の水まき効果はどれくらい？ ― 気化熱で涼しさを体感 …………………………86
⑬カーテンの遮蔽効果を調べよう ― 影の映らないカーテンを探そう ………………88
⑭机の上の明るさを調べよう ………………………………………………………………90

本書各テーマと関わっている内容との対応表 ……………………………………………92
本書で使用する材料・用具など ……………………………………………………………94

まえがき

　21世紀に入って，わたしたちの生活や環境が大きく変化してきている。わが国では，特に少子化と高齢化が進み，社会構造のひずみが生じているといわれている。このひずみは，わたしたちがこれから「安全・安心な共生社会」を創り出していくことの必要性と重要性を指摘しているともいえる。

　21世紀は，20世紀が生み出しながら残してきたさまざまな問題を解決していくことが必要になっている。身近な問題としてはダイオキシン，環境ホルモン，シックハウス，合成洗剤，食品添加物，ごみ，産業廃棄物，河川や地下水汚染，水道水，40％弱しかないわが国の食料自給率などがあり，地球レベルの問題には地球温暖化，オゾン層破壊，森林破壊，砂漠化，地下資源の枯渇，酸性雨，など枚挙にいとまがない。最近では，身近に起こった偽装食品や輸入農薬汚染食品，世界の人口増加に伴う食糧確保の一方で食料品による代替エネルギーなど，わたしたちの生活を脅かすような問題が次々と発生し，お互いに「安全・安心」の精神を持つことの大切さが唱えられている。

　これらの問題は解決に向けて改善されてきているものもあるが，すぐに解決するとは考えられないものも多くある。これらはすべてわたしたちの生活と切り離しては考えられないし，学校教育として特に家庭科に委ねられている課題が多くあって，小さな力でも真剣に取り組んでいく必要がある。

　本書は，今日的な課題である「安全・安心な共生社会」を構築していくために，家庭科に関わる内容を，子ども・高齢者・福祉・介護，生活一般・環境，衣・食・住に分けていくつかのテーマを精選し，少しでも今日のひずみや20世紀が残してきた諸問題の解決につながるように願って編集した。

家庭科の実験・観察・実習について

1．「実験・観察・実習」と「3ない授業」

　学校現場では，以前から大学を含めて授業中に，いねむりをする生徒に学生，内職をする生徒，おしゃべりを続ける児童・生徒に学生，立ち歩きする児童，トイレに行く児童・生徒に学生，最近では携帯電話画面を見続ける学生などは当たり前になっている。特に，いねむり・内職・おしゃべりは多くの学校で見られる三態であり，これらのことをしないような授業を「3ない授業」という。今日では，授業をさぼったり携帯電話画面を見続ける生徒もいるので，「5ない授業」にする必要があろう。

　さて，どこの学校でも教師も「3ない授業」にするためのさまざまな工夫が試みられているが，根本的には生徒に授業に対する心構えを持たせ，学習意欲を引き出すことが必要である。特に，受験科目でない家庭科は「3ない授業」をするには工夫が必要である。授業に対する心構えは，まず興味・関心を持たせることであるから，授業の一部に「実験・観察・実習」を導入し，"なぜだろう"，"知りたい"，"やってみたい"という生徒本来が持っている学習意欲を引き出すことで，家庭科の授業に対する心構えが生まれて「3ない授業」につながるであろう。できれば，教師側の導入だけでなく，生徒が自ら行う「実験・観察・実習」にすれば，「なぜだろう→知りたい→調べてみよう・やってみよう→わかった→まとめて発表しよう」と，本来の学習の流れができ，必然的に「3ない授業」になるであろう。

　本書は既刊の「図解　家庭科の実験・観察・実習指導集」，「続　図解　家庭科の実験・観察・実習指導集」と同様に，家庭科に関わるさまざまな現象について，授業の導入として，また生徒が自ら行うことができるような「実験・観察・実習」の方法を具体的に分かりやすく紹介し，「3ない授業」のために活用できるように編集している。

2．家庭科の今日的課題である「安全・安心な共生社会」

　現代社会は少子化，高齢化に伴う福祉や介護，地球温暖化にかかわる環境など「安全・安心」における多くの問題が生じている。最近では，食品偽装，農薬汚染食品，とうもろこしなどによるバイオエタノール燃料，などの食品の「安全・安心」が大きな関心を引き起こしている。これらの諸問題は家庭科と深く関わっており，早急に対処していく必要がある。

　先に，「図解　家庭科の実験・観察・実習指導集」と「続　図解　家庭科の実験・観察・実習指導集」を発刊したところ，授業にすぐ役立つのでもっと多くの教材例を紹介してほしい，介護・福祉・環境など今日的な問題を多く取り上げてほしいなどの意見や希望があった。

　本書は，これらの要望に応えるために今日的な諸問題に焦点を当て，「安全・安心な共生社会」をめざした家庭科の教材・教具を多く紹介している。「安全・安心」の精神は地球環境から地域・家族・個人の生活まで幅広いが，ここでは家庭科教材として扱うことができる内容を精選して掲載している。具体的には，幼児が安心して遊べる安全な遊具，幼児や高齢者が安心して安全な生活ができるバリアフリー，高齢者や寝たきりの人が安心して介護等が受けられる工夫，温暖化防止のための省エネ対策，最近多く飲まれているミネラルウオーターの性質，合成洗剤の代わりになる汚れ落としの方法，身の回りにある危険物の扱い方，個人や家族の健康管理の方法など，「安全・安心な共生社会」を築いていくための具体的な教材を多く取り上げている。

　「安全・安心な共生社会」に役立つ内容は，家庭科のみならず「総合的な学習の時間」の教材としても役立つであろう。

3．本書の特徴と利用方法

　本書は，既刊の「図解　家庭科の実験・観察・実習指導集」「続　図解　家庭科の実験・観察・実習指導集」と同様に次の点を配慮して構成している。
- 見開き2ページ（一部4ページ）で見やすくしている。
- 図版や写真をできるだけ加え，ビジュアルにして分かりやすくしている。
- カラーページの口絵写真やワークシートの見本などをできるだけ載せ，内容をより具体的に示している。
- 体験的学習を多く取り入れ，特に課題解決型学習の授業のヒントが得られるように配慮している。
- 「これならできる」，「やってみたい」，「生徒に学ばせたい」と共鳴・共感できるテーマを設定し，内容を吟味し，30分～数時間でできるような教材にしている。

　さらに，本書では次の2点を特に考慮しているのが特徴である。
- 今日的な課題である「安全・安心な共生社会」を念頭に置き，それと対応できる内容を，子ども・高齢者・福祉・介護(11編)，生活一般・環境(15編)，衣・食・住（14編）に分類して，どの分野にでも広く取り上げるように配慮している。
- 生活と密着したさまざまな事象の中で「安全・安心」を科学的に明らかにし，それを理解し，"なぜそうなのか"，"そうだったのか"と疑問から納得が得られるように分かりやすく示している。

　本書は，●「3ない授業」を行うために，●「安全・安心な共生社会」を築いていくために，●家庭科を未履修教科にしないために，●生徒の学習意欲を高めるために，活用していただき，家庭科はこれからも生活に欠かすことのできない教科であることを広く世に示していくことができれば幸いである。

子ども・高齢者・福祉・介護《実習題材》

① 子どもにとって安全なおもちゃづくり
手づくりおもちゃと交流の楽しさを味わう

　自分たちはどのように成長・発達してきたのだろうか。また，人の一生の中で，幼児期はどのような意味をもっているのだろうか。幼児の生活や発達の特徴を考えながら，身近にある材料を利用しておもちゃをつくり，園児と一緒に遊び，交流する。これらの活動を通して，幼児への理解を深めるとともに，幼児期の意味を改めて考えさせたい。なお，ここでは3歳くらいの幼児を対象に考えたおもちゃづくりを紹介する。

【所要時間3時間】

ねらい
・園児との交流を通して，幼児への理解を深める。
・園児とともに遊べるおもちゃづくりや遊び方を考え，園児と積極的にかかわり，ふれあいを楽しむ。

指導上の位置づけ
◆「幼児の発達と家族」「乳幼児の発達と保育・福祉」等の一つの題材として扱う。
◆園児との交流にふさわしいおもちゃを考えさせる。
◆製作したおもちゃを活用した遊び方を考えさせる。

1　方法

1 事前準備
・実習時の服装や訪問先の予定やカリキュラムを確認する。
・一緒に遊ぶ子どもたちの成長段階(年齢や遊びの内容，できることなど)を確認する。
・子どもたちに名前を覚えてもらうため，名札を作成する(ひらがなで大きな文字で書く。またイラスト入りや名札の形を変えると親しみがもてる)。
・子どもたちと一緒に遊べる，安全なおもちゃを作製する。

2 実習時の注意事項
・子どもたちにけがをさせないよう，腕時計やアクセサリー類ははずし，爪も切り揃える。
・服装や髪型は，清潔感があり，動きやすいものにする。
・訪問の際は，訪問先の職員の方にきちんとあいさつし，注意事項等を守る。
・安全やマナーには十分気をつける。
・子どもたちには，第一印象も大切。明るく元気にあいさつする。

3 子どもたちとのふれあい方，話し方
・子どもたちと目線を同じ高さにして話す。
・子どもたちの様子をよく見て，気持ちを考えながら働きかける。
・子ども同士の遊びには，タイミングよく補助的な立場で加わる。
・話すときは，ゆっくり，はっきり話し，子どもの話は最後まで聞く。
・笑顔で明るく接する。

4 事後
・きちんと後片付けをし，職員の方にお礼を言う。
・できれば，実習時の感想等まとめたものを添えてお礼状を出す。

2　ワークシート

保育実習を終えて　　施設名
　　　　　　　　　　　　実習日時

①あなたがつくったおもちゃは，何ですか。

②おもちゃを活用して，園児と遊びましたか。どんな子どもたち(年齢・性別など)と交流しましたか。

③園児はどのような様子や表情をしていましたか。

④園児との交流の中で，特に気をつけていた点はどんなところですか。

⑤実習を終えて，感じたこと，気づいた点等，まとめましょう。

材料　用具

1. 赤クレープ紙，綿，ひも，胸当てつきエプロン，セロハンテープの芯，和紙，黄色スポンジ，油性ペン　2. 竹製しゃもじ，竹片（5×3cm），丸ゴム，乳酸飲料の空きびん，小石，土，ビニールテープ，きり，接着剤　3. 500mℓ入りペットボトル（10本），水彩絵の具，水，接着剤，大きいスポンジボール　4. ダンボール箱，ラップの芯，新聞紙，手袋，リボン，ビニールホース（50cm），鉛筆（2cm），ビーズ，接着剤　5. 厚紙，洗濯ばさみ，たこ糸，接着剤　6. ダンボール箱（数個），荷造りひも　7. ダンボール箱（2個），ガムテープ　＊各製作例とも絵を描く道具

留意点

● 保育園訪問の準備や進め方は？
　保育園や幼稚園の訪問は，その目的と内容について，事前に許可を得ると共に，十分な打ち合わせが必要である。保育園訪問の依頼文書等について，「続 図解 家庭科の実験・観察・実習指導集」に掲載されているので，参考にするとよい。

● おもちゃづくりもエコの観点
　家庭や学校にある，身近な材料を利用してつくることも併せて学習させるとよい。

製作例1　食いしんぼかばさん

「かばさん」（次ページ参照）の歌を歌いながら，かばの口に見立てた大きなポケットに食べ物をいれ，ぱくぱくと食べてしまう様子を演じる。

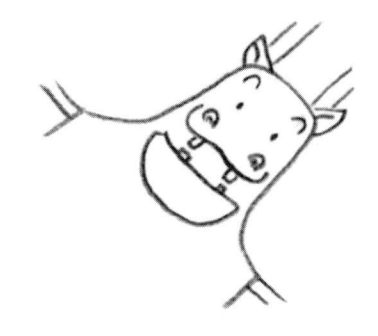

1 かばさんエプロンのつくり方

胸当てつきエプロンの胸部にかばの顔の口から上を描き，大きなポケットには開いた口を描く。

2 食べ物のつくり方

簡単につくるには，新聞紙を丸めて包装紙を貼ったり，絵の具を塗ったりする。

りんご

① 赤いクレープ紙の中央に丸めた綿を置く。
② 綿を包んでりんご型をつくり，四隅を絞り，ひもで軸の長さまで巻く。
③ あまったクレープ紙を切り取る。

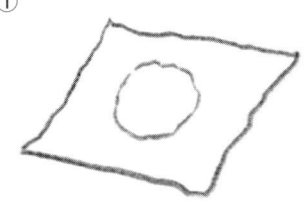

おにぎり

① セロハンテープの芯を角の丸い三角形につぶす。
② 三角形の中に新聞紙を丸めて入れ，周りに和紙を貼る。
③ 油性ペンでごま塩を描く。

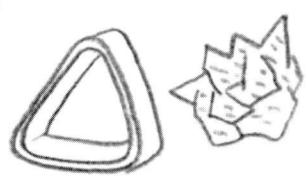

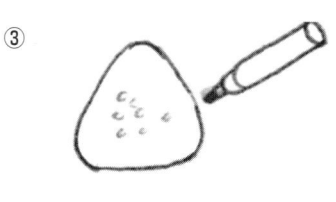

バナナ

① スポンジをバナナの長さに切る。
② 中央部がやや彎曲したバナナの形に整える。

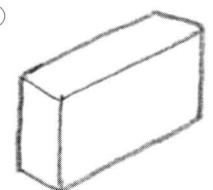

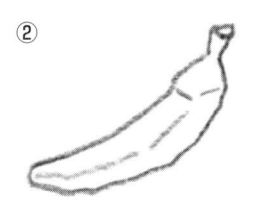

「かばさん」の歌をうたいながら

かばさん

永倉 栄子・作詞／作曲

1.2. おおきな おくちの かばさんが おおきな りんごを（おにぎり）
たべちゃった りんごは（おにぎり）きえちゃった りんごは（おにぎり）きえちゃった

D.C.（前奏にもどる）

製作例2 　小さな音楽隊

カスタネットやマラカスを鳴らしながら，みんなで輪になって行進する。

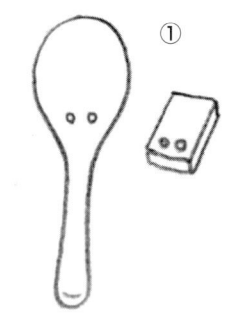

カスタネット

① しゃもじと竹片にきりで穴を開ける。

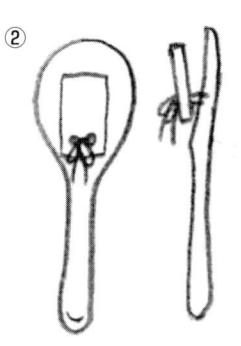

② しゃもじに竹片を丸ゴムで結びつける。

③ 表に動物の顔などを描く。

マラカス

洗った乳酸飲料のびんに小石や砂を入れ，上下に重ねて口どうしを接着する。外側にビニールテープを巻いて飾る。

製作例3 　カラフルボーリング

幼児が好きなボール遊びである。ペットボトルが倒れるとき，中に入れた色水が動いて広がり，彩りも美しい。倒れたピンの数で競い合い，個人でもチームに別れてでも遊べる。

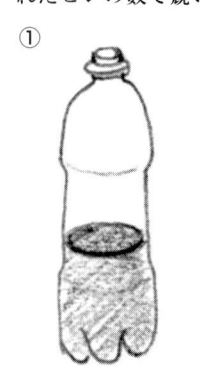

① 500ml入りのペットボトルのラベルをはがしてきれいに洗い，水彩絵の具を溶いた色水を150ml入れる。

② ふたに接着剤をつけてきちっと閉め，とれないようにする。違う色で10本つくる。

ピンを並べ，大きなスポンジボールを両手で転がし，みんなでボーリングをして楽しもう。

製作例4　きらきら輪投げ

輪投げは，体を思い通りに動かす訓練にもなる，楽しいゲームである。

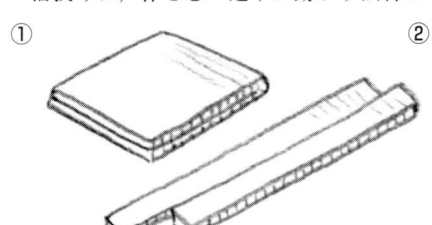

① ダンボール箱をつぶし，20×20cmの台を取り，残りは5cm幅のテープをつくっておく。

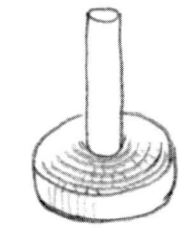

② テープに接着剤を塗り，生乾きの状態でラップの芯の端に10巻きする。底が平らになるよう，注意する。

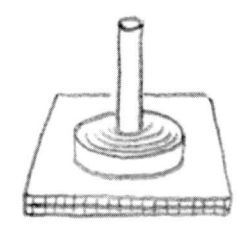

③ 平らな底面に接着剤をつけ，取り分けておいたダンボールの台の中心にしっかり固定する。

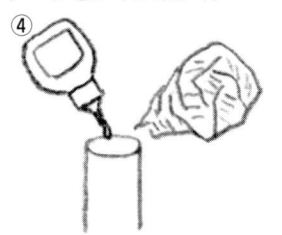

④ 新聞紙を丸め，先を長く伸ばして接着剤を塗り，ラップ芯にしっかり固定する。

⑤ 手袋を裏返し，丸めた新聞紙にかぶせ，ラップの芯にリボンで結びつける。

⑥ 必要に応じて耳や髪の毛をつけ，各自の好みの顔に仕上げる。

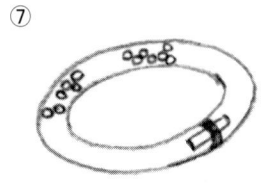

⑦ ビニールホースにビーズを入れ，両端を鉛筆を差し込んでつなげ，輪をつくる。

製作例5　かめさんのひも登り競走

ひも登りかめさんを高いところからつるして，両手で引っ張って登らせ，早く上に着いた人が勝ちである。

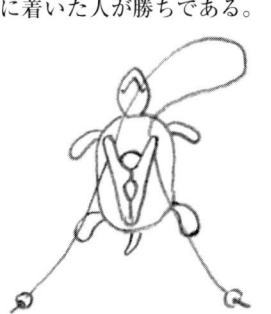

厚紙に亀を描き，形に添って切る。裏に洗濯ばさみを貼りつけ，穴にたこ糸を通して，高いところに引っかけて両手で交互に引っ張る。

> **参考**　エコの観点
> 牛乳パックを利用して
>
> 牛乳パックの側面の幅は7cm。A4サイズの紙でひと周りできるので，紙を用意する目安にするとよい。
> また，厚くじょうぶにできているのでこの形を生かし，造形や遊びの素材にするとよい。牛乳パックをつなげて電車やブロックのように大きくつくることも可能である。

製作例6　特急電車のお通りだ

側面に特急電車の側面を描いたダンボール箱の電車ごっこ。走り回る子どもたちは満面の笑みを浮かべる。

ダンボール箱のふたと底を取り，側面に特急電車の側面を描いてひもで適宜連結し，中に子どもが入ってダンボールの電車を両手で持って，走り回る。

製作例7　キャタピラーのお通りだい

大きなキャタピラーの中で一所懸命前進しようとはいはいする子どもは，一人遊びに熱中する

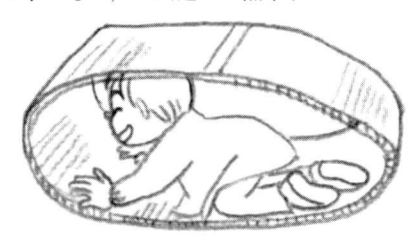

ダンボール箱2個をガムテープで貼り合わせ，ダンボールのうねりに沿った方向に折り目を適宜入れ，中に子どもが入ってはいはいで前進する。

（イラスト　石原くみ子）

子ども・高齢者・福祉・介護《実習題材》

② おもちゃを見直そう
安全なおもちゃとは？

　児童文化とは、「大人や社会が子どもに与える、すぐれた文化であるとともに、子どもの考える力や創造する力を信じ、子どもを中心にして一緒につくり上げていくもの」であり、児童文化財は、そうした大人や社会、子どもたちとをつなげる役割を果たすものといえよう。その児童文化財のひとつに玩具（おもちゃ）がある。ここでは、どんなおもちゃが子どもにとってよいのか、子どもの成長・発達や安全面から考える。

【所要時間1時間】

ねらい
・子どもは遊びを通してからだの機能を発達させ、知識や社会性を身につけていくことを理解する。
・子どもの発達と適切なおもちゃについて考える。
・安全なおもちゃの選び方について考える。
・市販のおもちゃだけでなく、身近な生活道具や自然の素材でも工夫し遊べることを理解する。

指導上の位置づけ
◆「幼児の発達と家族」「乳幼児の発達と保育・福祉」等の題材として扱う。
◆おもちゃ遊びが子どもの成長・発達に果たす役割を理解するとともに、おもちゃの選び方を考えさせる。
◆創意・工夫により、手づくりおもちゃができることを理解させる。

1　方法

① 何種類かのおもちゃを用意する。
② それぞれのおもちゃは、何歳くらいの子どもにもたせるとよいか、理由も併せて考える。
③ 発表する。選択理由も述べる。
④ おもちゃの使い方、機能や安全性について説明する。

2　ワークシート

子どもの成長とおもちゃの選び方
① 選んだおもちゃとその理由を考えよう。

	選んだおもちゃ	選んだ理由
0歳代		
1歳前後		
2歳前後		
3～4歳		
5～6歳		

② おもちゃを選ぶときの注意点は何か、まとめよう。

::: 材料　用具
用具 がらがら，にぎにぎ，オルゴール，ぬいぐるみ，起き上がりこぼし，ダックボール，砂場遊び，引き車，クレヨン，木馬，大きなボール，紙ひこうき，ままごと道具，積み木，絵本，トランプ，カルタ，ブロック，大型積み木，ビー玉，おはじきなど
:::

::: 留意点
- 何種類かのおもちゃを用意し，実際におもちゃに触れながら考えさせることが望ましい。用意できない場合は，写真やイラストにするなどおもちゃの様子がわかるよう配慮する。
- おもちゃの種類が少ない場合，グループごとにおもちゃを割り当てて考えさせてもよい。
- 生徒が知らないおもちゃ(伝承遊び)などを用意するとさらに関心が高まる。
- 子どもの成長と安全性を併せて考えるよう指導する。
:::

3 おもちゃの選び方

STマーク
おもちゃの安全基準に基づいて適合した製品に表示するマーク。損害賠償制度が設けられている。「ST」とは，「セイフティ・トイ」(Safety Toy)の頭文字。

盲導犬マーク
視覚障害のある子どもも一緒に楽しめるおもちゃ。電池を入れるふたに突起をつけて，電池を入れる場所などが手で触ってわかったり，スイッチの状態が手で確認できたりする。

うさぎマーク
聴覚障害のある子どもも一緒に楽しめるおもちゃ。視覚的な要素でコミュニケーションを楽しめる。

4 子どもの成長とおもちゃ

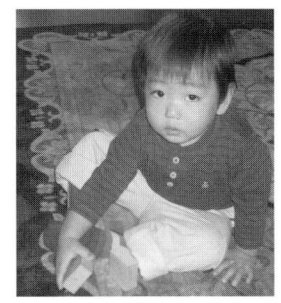

感覚遊び（0～1歳）
がらがら，おしゃぶり，風車など。
目，耳，口，手先などの感覚を楽しませる。

運動遊び（1～6歳）
ぶらんこ，なわとび，すべり台など。
手足や体全体を動かす。

模倣遊び（2～6歳）
ままごと，電車ごっこなどのごっこ遊び・想像遊びなど。
周囲の生活をまねする。

受容遊び（2～6歳）
テレビ，絵本，紙芝居など。
見聞きして楽しむ。

構成遊び（2～6歳）
粘土，折り紙，積み木など。
組み立て，製作をする。

ゲーム遊び（3～6歳）
トランプ，カルタ，かんけりなど。
2人以上で行うルールのある共同遊び。

子ども・高齢者・福祉・介護《実験題材》

❸ 幼児が喜ぶフェルトのマスコットづくり
羊毛の草木染めでつくってみよう

草木染めの羊毛を使って，安全で幼児が喜び，遊べるフェルト作品をつくってみよう。【所要時間60分】

関連内容 本書「羊毛の草木染めでつくってみよう」(p.70)
『続 図解 家庭科の実験・観察・実習指導集』「羊の毛からフェルト（ホームスパン）を作ろう」

ねらい
・天然染料で染めた羊毛を使って，平面フェルトやポリウレタンフォーム・発泡スチロール・プラスチックボードなどで型どりした立体フェルトで，幼児が喜ぶ安全・安心な作品をつくる。

指導上の位置づけ
◆天然染料で染めた羊毛で，安全で安心できるフェルト作品をつくる。幼稚園等で幼児と楽しく遊べるものを工夫してつくる。

1 平面フェルトの作品をつくる

① 染色羊毛を手でよくほぐし，下地が見えなくなるくらい何回も重ねて羊毛シートをつくる。フェルト化すると小さくなるのでデザインしたものより 10〜20％広げておくとよい。
② ①の羊毛シートを小穴を開けたポリ袋*に入れるか，または小穴を開けたラップなどで包む。　　　　＊目打ちで小さな穴をたくさん開けたもの。
③ 洗面器などに②を置き，約45℃の温石けん液を少量上からかけてからデザインを崩さないように軽く押しつける。
④ デザインが安定したらさらに温石けん液を加え，上から強く押しつけてフェルト化させる。フェルトの硬さは力加減と押しつける回数で調節できる。
⑤ フェルト化したら，水で洗って乾かす。
⑥ 端を切りそろえて作品に完成させる。

2 立体フェルトの作品をつくる

1 フェルトボールをつくる
- **小さなボール**：羊毛を少量丸め，温石けん液に浸して，両手でだんごを丸めるようにして丸く固める。
- **ふわふわボール**：ポリウレタンフォームをおおまかに丸く切り，それを羊毛シートで包んで小穴を開けたポリ袋に入れ，温石けん液に浸して丸くしながらもむ。
- **はねるボール**：ピンポン玉，軟式テニスボール，ゴム製スーパーボールなどを羊毛シートで包み，小穴を開けたポリ袋に入れ，温石けん液に浸して丸くしながらもむ。

いずれも水で洗って乾かす。

2 指人形（小）をつくる
① 発泡スチロールで指人形の型を作り，指が入るくらいの穴を開ける。
② 全体を羊毛シートで包み，小穴を開けたポリ袋に入れて温石けん液に浸してもむ。
③ 水で洗って乾かす。
④ 人形らしくフェルトペンなどでポイントをつける。

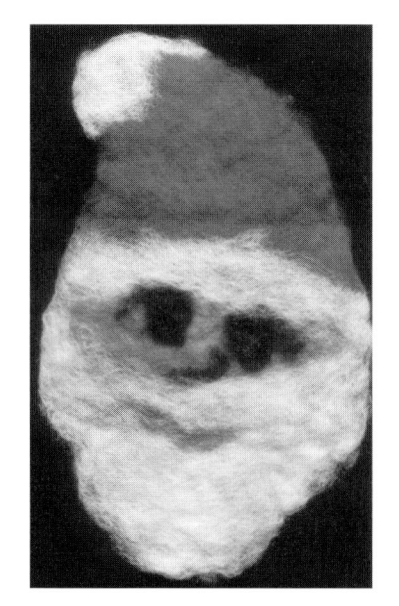

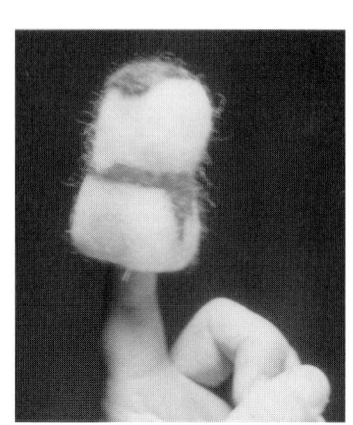

> **材料 用具**
> **材料** 染色羊毛，ポリウレタンフォーム，発泡スチロール，プラスチックボード，ボール紙，家庭用ポリ袋，ピンポン玉，軟式テニスボール，ゴム製スーパーボール
> **用具** 洗面器，液体石けん，目打ち，はさみ，やかん，針，糸

> **留意点**
> ● 発泡スチロールやポリウレタンフォームで型をつくると，小片が散らかったり，静電気で衣服に付着しやすいので，こまめに集めて除く。
> ● 温度が低下するとフェルト化しにくくなるので，湯を加えて温度を保つ。

3 指人形（大）をつくる

① ポリウレタンフォーム（頭部）とボール紙（手袋）で人形の型をつくる。
② デザインした羊毛シートを当て，小穴を開けたポリ袋に入れ，温石けん液に浸してもむ。
③ 水洗いしながらボール紙の型を抜き，乾かす。
④ 人形らしく形を整えたり，フェルトペンでポイントをつける。

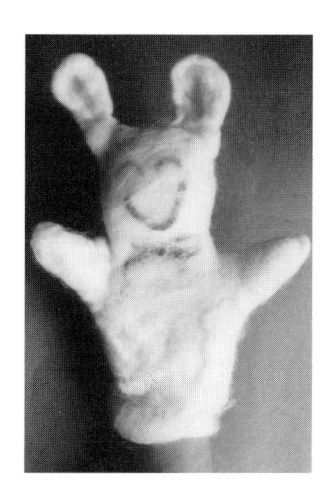

4 マスコットをつくる（口絵参照）

① 発泡スチロール，ポリウレタンフォーム，プラスチックボード等でマスコットの型をつくる。複雑な型はパーツに分けてつくる。
② デザインした羊毛シートを型に合わせて包み，小穴を開けたポリ袋に入れ，温石けん液に浸してもむ。
③ 水で洗って乾かす。
④ 細かい部分はフェルトペンで彩色したり，糸やボタンなどでマスコットらしく工夫する。パーツの作品は縫合する。

（図：ポリウレタンフォームの中を切り抜いてボール紙をはめ込む。ポリウレタンフォーム／でき上がりのイメージ／ボール紙／手首が入るくらいの幅（約10cm））

発泡スチロールで型をつくり（左）
白い羊毛でフェルト化させた作品（右）

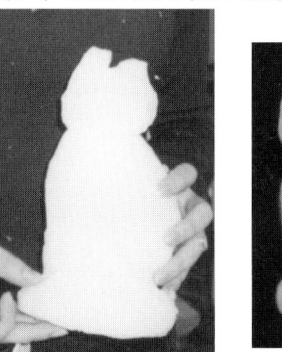

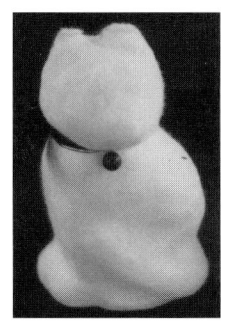

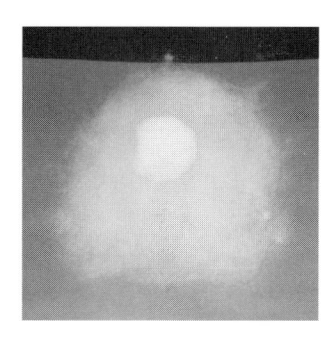

パーツでマスコットをつくる
上：羊毛シートに型を置く。
中：各パーツの型を包む。
下：各パーツをフェルトにする。

> **活用**
> ● 染色羊毛が少ない場合は，白い羊毛で下地をつくり，表面に染色羊毛を重ねてデザインする。
> ● 染色羊毛の代わりに市販の毛100％染色羊毛（甘撚りの極太のもの）の撚りを戻して引き抜いてわた状にすれば，フェルト用に使用できる。
> ● 白い羊毛でフェルト作品にして，後から染色したり，筆などで彩色することができる。

子ども・高齢者・福祉・介護《実験題材》

④ 高齢者の衣を考える

綿がよいわけは

　高齢者は乳幼児と同様に体力や皮膚が弱くなっている。このような高齢者や乳幼児の皮膚を守り、快適な衣生活を送るために適切な衣服を用いることは大切なことである。特に寝たきりの人には、体力や皮膚を守るための衣服や寝具等に使用している材料にも目を向けて、十分な配慮をする必要がある。

【所要時間 1～2時間】

関連内容　『図解 家庭科の実験・観察・実習指導集』「布の吸湿性を調べる」、「体から出る水蒸気を調べる」、『続 図解 家庭科の実験・観察・実習指導集』「肌着に適した布を探そう」

ねらい
- 高齢者や寝たきりの人に必要な衣類や寝具の性能を知る。
- 綿は①繰り返し洗濯ができる　②吸湿性がある　③肌触りがよい　④取り扱いが簡単　⑤価格が手ごろ　などの特長があり、これらが特に寝たきりの人の衣服や寝具類に適していることを学ぶ。

指導上の位置づけ
- 各種の繊維がある中で、高齢者用の衣服や寝具類は綿がよいことを知る。
- 寝たきりの人の衣服と寝具類（特にシーツやカバー）の素材を考える。
- 綿がよいわけを2, 3の実験を通じて確かめる。

方法　高齢者の衣服や寝具類に適した繊維は？

　下表は衣料用・寝具用に用いられる主な繊維の耐洗濯性・吸湿性・肌触り・取り扱いやすさ・価格について、大まかに比較したものである。これらの中で高齢者、特に寝たきりの人の衣服や寝具類には何がよいか、選んでみよう。

主な繊維の性能比較（◎：大または優　○：中または良　△：小または可　×：なし）

	綿	麻	毛	絹	レーヨン	ポリエステル	アクリル	ナイロン
耐洗濯性	◎	◎	△	△	△	◎	○	○
吸湿性	○	○	◎	◎	◎	×	×	△
肌触り	○	△	△	◎	△	△	△	△
取り扱いやすさ	○	△	△	△	△	◎	○	○
価格	○	△	△	△	○	○	○	○

耐洗濯性：常に清潔な衣服や寝具類を用いるために、繰り返し洗濯に耐える必要がある。ぬれると強さが増すものを探そう。
吸湿性　：特に寝たきりの人の衣服や寝具類は、吸湿性が重要である。1日中寝ている人は、体の皮膚表面からどれくらいの水蒸気（不感蒸泄量）が出ているだろうか。また、その水蒸気を除く方法を考えよう。
肌触り　：皮膚が弱くなっている高齢者にとって大切な性能である。
取り扱いやすさ：洗濯や洗濯後の扱い方、保管方法などをいう。

ワークシート

高齢者の衣服や寝具類に適した繊維と適さない繊維
適した繊維：　　　　　　　　適さない繊維：
理由

材料 用具

材料 綿布（ギンガム），レーヨン布（人平），工作材，石，クッション材
用具 フィルムケース，小さいポリバケツまたは空き缶，C型クランプ（2～数個），鉄製スタンドと留め具，棒，ビーカー型PET容器，はさみ，天秤（1kg用と10kg用），拡大鏡，接着剤，針金，ダンボール箱，クッション材

実験　綿は水にぬれると強くなることを確かめよう

1 両手で布片を引っ張って切ってみよう

① なるべく薄い綿とレーヨンの布を幅約1cm，長さ約20cmに切る（綿ギンガムは色糸に沿って切ることができるので，幅約0.5cmでよい）。
② 図のように両端の糸をほぐし，幅を0.2～0.4cmにそろえる（幅は引っ張って切ることができるくらいにする）。
③ 半分に切って，約10cmのものを2本にする。1本は水に浸す。
④ 先に乾いている方を両手で引っ張って切る。
⑤ 続いて，水にぬらした方を同様に切る。
⑥ ぬれている方が強いか，弱いかを確かめる。

＊ 20～30N（N：ニュートン，1N＝0.102kg重）で切れるくらいの幅にする。

図: 約1cm幅、約20cm長さの布片。長さ方向の端糸を両方からほぐし，幅を手で切ることができるくらいの幅（0.2～0.4cm）にする。

手で引っ張って切る

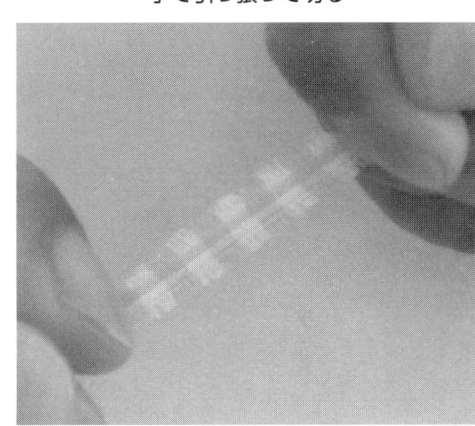

2 簡単な引っ張り試験装置をつくって調べる

① フィルムケースに小石を詰める（約50gにはかっておくとよい）。20個以上つくる。
② 約100～500gの石を数個用意する（あらかじめ重量をはかって記入しておくとよい）。
③ C型クランプのつかみ部分に約1cm×1cmの工作板を接着剤で貼る。
④ 底の浅いダンボール箱に鉄製スタンドを置き，その上にクッション材を敷き，スタンドに留め具をはめ，棒を取り付ける。
⑤ 前の実験と同様にして作成した布片の両端をC型クランプではさむ。
⑥ 一方のC型クランプを棒にかけ，他方のC型クランプにフックをつけポリバケツまたは空き缶をかけてつるす。
⑦ ポリバケツまたは空き缶へ，先に石を数個入れ，次にフィルムケースを布片が切断するまで入れる。
⑧ 切れたときの石とフィルムケースの重さで，切断強さとする。

＊ C型クランプのつかみ部分が水でぬれないように，先に乾燥している布片を調べる。C型クランプは予備に数個用意するとよい。

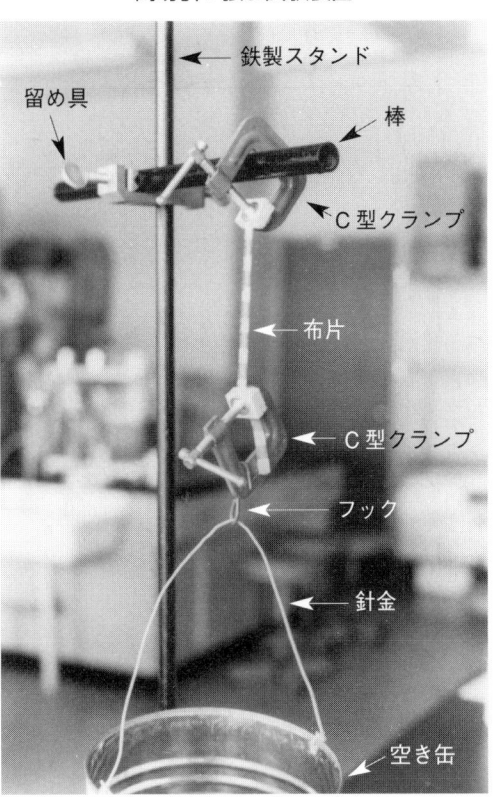

簡易引っ張り試験装置（鉄製スタンド，留め具，棒，C型クランプ，布片，C型クランプ，フック，針金，空き缶）

子ども・高齢者・福祉・介護《観察題材》

⑤ バリアフリーを考える
まちを歩き，観察し，写してみよう「地域のバリアフリー」

　バリアフリーという言葉はわたしたちにずいぶんなじみのものになってきた。しかしその使われ方は，「段差をなくす」，「スロープをつける」，「手すりをつける」といった技術的な狭い範囲に限定され，かえってバリアフリーという言葉のもつ意味を小さなものにしている。バリアフリーには建物や道路の改善といった物理的側面の他に，制度的，心理的，情報的な側面の4つがあるといわれている。実際にまちに出て，見て，考えて，地域のバリアフリー環境の問題点をとらえよう。　【所要時間　事前学習1時間，まとめ2時間】

ねらい
・バリアフリーの視点から，普段生活している場所にどのような問題点があるのかを観察を通して発見する。
・バリアフリーの設備としてつくられたものにも，問題点があることを知る。

指導上の位置づけ
◆バリアフリーの理念を学ぶ時にはもちろん，福祉について学習する際の導入としてもよく，学習のまとめとして行えば深い考察を得ることもできる。
◆情報の授業と連携するなどして，プレゼンテーションに重点を置いた発表を行うこともできる。

留意点
● 観察する際は漫然と問題点を探すよりも，自分自身が「○○だったら…」という具体的な意識があるほうが見つかりやすい。準備の時に班ごとのテーマや，どんな状況になったつもりで観察するかを決めさせておくとよい。
● 観察した問題点の記録には，スケッチや携帯電話のカメラ機能が便利である。高校生であればほとんどの生徒が常時持っているので，通学の行き帰りや偶発的に出会った場面を撮影することもでき，機動的である。反面，少数ではあるが携帯電話を持っていなかったり，カメラ機能つきでない場合もあるので，十分な配慮が必要である。
● 発表は，教室のような設備がない場所で，携帯電話で撮った写真を見せ合うだけでも効果が得られるが，撮影した画像やスケッチを処理してプリントアウトしたり，プロジェクターなどで拡大して見せることができるとさらに効果的である。

1　方法

1　観察の準備
①バリアフリーについて知る。その意味と4つの側面を理解する。
②地域のバリアフリー環境の観察をし，その結果を持ち寄って報告し合うことを知る。
③観察のための班を編成し，それぞれが具体的な観察の計画を立てる。

2　観察の実施
①不特定多数の人が集まる駅や公共施設，町中などに行き，バリアフリーの視点で観察を行う。
②問題点と思われるところを発見したら，カメラを使って写真に撮る。または簡単なスケッチを行う。

3　観察のまとめ
①観察で記録した写真やスケッチを持ち寄って，班内で問題点について話し合う。
②班内で最も問題と思われるところやユニークな事例を選び出す。
③班ごとの発表を行う。情報機器を使える環境であれば，発表までに画像を処理して準備をしておく。
④発表を聞き，観察のまとめを各自で行う。

2 ワークシート「バリアフリーを考える」1 問題点の観察

1 **目的** 地域のバリアフリー環境はどうなっているのか、観察を通して実情を知る。中でも問題と思われる箇所を発見して報告する。

2 **方法** 班でテーマまたはバリアフリーの対象となる人や状況を設定する。観察は個人でも、班単位でもよい。問題点は必ず写真またはスケッチで記録を残す。発表は班単位で行う。

3 **記録**

テーマ　　　　　　　　　　

観察記録　　月　　日　場所

観察記録　　月　　日　場所

年　組　番　氏名　　　　　　　班員

3 ワークシート「バリアフリーを考える」2 問題点の報告と考察

4 **報告** 各班の発表を記録する。

発表者	内容	発表者	内容

5 **考察** 観察やその報告を通して、バリアフリーについて考えたことをまとめる。

年　組　番　氏名　　　　　　　班員

子ども・高齢者・福祉・介護 ⑤

子ども・高齢者・福祉・介護《観察題材》

❻ バリアフリーを超えて
まちを歩き，観察し，写してみよう「ユニバーサルデザイン」

　バリアフリーという言葉はわたしたちにずいぶんなじみのものになってきた。しかし，障害のある人たちのバリアー（障壁）になるものをなくす（フリー）という考え方では，バリアーはあるもの，あってもしかたがないものとして認められてしまうことになる。あるものをなくすのではなく，はじめからバリアーになるようなものを生み出さないデザイン，誰にとっても使いやすいことをめざすのがユニバーサルデザインである。最近では「先進的なバリアフリー」と呼ばれているものが，実は「ユニバーサルデザイン」であるということも珍しくない。工夫されたバリアフリーの施設，ユニバーサルデザインを取り入れた設備などを探してみよう。

【所要時間　事前学習 1 時間，まとめ 1 時間】

ねらい
- バリアフリーとユニバーサルデザインの違いを理解する。
- ユニバーサルデザインの取り入れられた施設や設備が身の回りにもあることを知る。

指導上の位置づけ
- 「5　バリアフリーを考える」(p.18) と連続で観察を行うと効果が高まる。
- 単独で行う場合には福祉に関する学習のまとめとして行うとよい。

留意点
- ユニバーサルデザインは特定の障害に対応するものではないので，あまり目立たず見つかりにくい。準備の段階で，ユニバーサルデザインでつくられた物のさりげなさについて，実物や写真を見せて理解させておくとよい。
- 「バリアフリーを考える」から連続で観察を行う場合は前回の班を生かして観察を行うのもよいが，今回の観察だけであれば一人ずつ観察する方法も有効である。
- 問題点に比べると発見できる数も少なく偏りがある。特に人口の少ない地域では，公共交通機関等での整備が進んでいないので，観察場所の提示や観察期間に幅を持たせる，他地域への行事を利用するなどの配慮が必要である。
- 観察の記録には携帯電話のカメラ機能が便利である。高校生はほとんどが常時持っているので，通学の行き帰りや偶発的に出会った場面を撮影することもでき，機動的である。また報告のために画像を教師のもとへ転送することも容易である。反面，少数ではあるが携帯電話を持っていなかったりカメラ機能つきでない場合もあるので，十分な配慮が必要である。
- 発表の方法や形態はさまざまに考えられるが，発見される数や種類がそれほど多くないことが予想される場合には教師のもとへ報告を集めて，整理し発表してもよい。

1　方法

1　観察の事前学習
①バリアフリーとユニバーサルデザインの違いについて知る。
②地域のバリアフリー環境とユニバーサルデザインを観察し，その結果を持ち寄って報告し合うことを知る。

2　観察の実施
①不特定多数の人が集まる駅や公共施設，町中などに行き，観察を行う。
②優れた設備やユニバーサルデザインと思われるところを発見したら，カメラを使って写真に撮る。または簡単なスケッチを行う。

3　観察のまとめ
①観察で記録した写真やスケッチを持ち寄って，発表し合い，観察のまとめを行う。

エスカレーター進入可否表示

車いすのフットサポートに配慮して踏み込みを設けた券売機

券売機の金銭投入口を縁取りして目立たせる

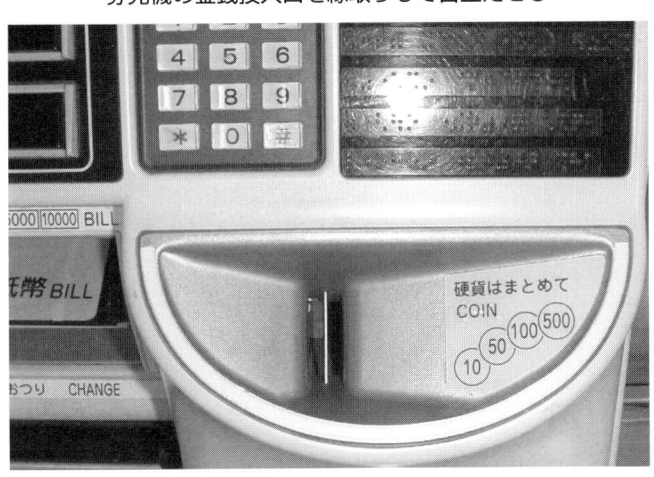

（国土交通省「公共交通機関旅客施設に関する移動等円滑化整備ガイドライン」2007年より）

子ども・高齢者・福祉・介護⑥

資料

バリアフリー新法　「高齢者・障害者等の移動等の円滑化の促進に関する法律」

ハートビル法（1994年制定）
デパートやホテル，学校，公共施設など多数の人が利用する建築物での出入り口やトイレなどのバリアフリー化を推進

交通バリアフリー法（2000年制定）
公共交通の駅や車両など旅客施設とその周辺のバリアフリー化を推進

バリアフリー新法（2006年制定）
　二つの法律を合体させただけでなく，対象者をこれまでの高齢者，身体障害者だけでなく，妊婦や子育て中の親，病気の人など，生活環境から「障害を受けているすべての人」にまで広げた。
　また，特定の建築物や旅客施設だけでなく，旅客施設を含まない地域まで拡充し，道路や路外駐車場，都市公園も対象となることで連続的なバリアフリー化や地域を一体化したまちづくりがはかられるようになった。

　ハートビル法と交通バリアフリー法によって個々の施設でのバリアフリー化は進んでいったが，特定の障害者を対象とした「バリアフリー」の考え方でつくられた法律には限界があり，①バリアフリー化を促進する法律が別々につくられており，連続的なバリアフリー化がはかられていない　②バリアフリー化が旅客施設を中心とした地域にとどまり利用者の視点に立っていない　などの問題が指摘されていた。それらの改善をはかるため，「どこでも，だれでも，自由に，使いやすく」というユニバーサルデザインの考え方を大幅に取り入れてまとめられたのがバリアフリー新法である。
　対象が「すべての人」となったことで対象となる地域が広がり，改善の方法もユニバーサルデザインが基本となった。自治体にはまちづくりの基本構想の作成を求め，その構想に利用者の視点を反映させるための協議会の開催や利用者から内容について提案できる制度が創設された。また，基準を満たしていない事業者へは罰則を強化するなど，全体を通じて国民の意識の変革を促す意図が込められている。

子ども・高齢者・福祉・介護《実習題材》

⑦ 介護食をつくってみよう

　高齢者になると，消化吸収が低下してくる。さらに，咀嚼（そしゃく），嚥下（えんげ）障害や寝たきりの要介護の高齢者は，普通のごはん（常食）はうまく食べられない。高齢者にかかわらず，胃腸を壊したときは，流動食や軟食が必要となってくる。ここでは，かゆをつくって，介護食を体験して，軟食の状態を理解する。

【所要時間2時間】

ねらい
・かゆのつくり方を知る。
・かゆの種類による軟らかさの違いを試食して，軟食の度合いを理解する。

指導上の位置づけ
◆老化による消化吸収の低下や咀嚼・嚥下障害について理解させる。
◆実習では，かゆをつくったあと，食事の介助の実習に結びつけてもよい。

1　方　法

　かゆをつくり，かゆの種類による見た目の差を確認してから，食して食感の違いを確かめる。

1　全がゆと五分がゆをつくって，やわらかさを比較する。

①米を洗って，分量の水に30分以上置く。

②沸とうまでは強火で，その後は火を弱めて，30～40分煮る。

2　ごはんから，かゆをつくって，でき具合を比較する。

①お湯の中に，ごはんを入れてほぐす。

②弱火で，20～25分煮る。

材料　用具

材料 1　全がゆ：米1C，水5C，　五分がゆ：米1/2C，水5C，
2　ごはんからつくる全がゆ：ごはん200g，水3C（重量の3倍）
用具 土鍋または厚手のやや深いなべ

留意点
- 班ごとに違う種類のかゆを実習して，仕上がったかゆを分けて試食してもよい。
- 試食のとき，塩を少し入れると食べやすい。

2　ワークシート

かゆの種類による見た目や食感の違い，調理して気づいたことをまとめてみよう。

種類	見た目	食感	気づいたこと
全がゆ			
五分がゆ			
ごはんから つくったかゆ			

かゆの種類と材料の割合

種類	米（C）	水（C）	米に対する水の量（倍）	できあがり量（g）
ごはん	1	1.2	1.2	約350
全がゆ	1	5〜6	5〜6	約800
七分がゆ	5/7	5	7	約800
五分がゆ	1/2	5	10	約800
三分がゆ	1/4	5	20	約800
重湯（おもゆ）	かゆの上ずみ			

資料　介護食の種類と調理例

種類	主食的なもの		おかず・その他				
	かゆの種類	その他	卵	魚	肉	野菜	その他
軟食	全がゆ	うどん パン マカロニ	オムレツ 卵焼き	焼き魚 煮魚	ひき肉料理 ソーセージ	一般野菜（特に不消化なものを除く）	普通の果物やケーキ類
	七分がゆ	やわらかいうどん パン オートミール	オムレツ 目玉焼き	焼き魚 煮魚	ひき肉（脂肪の少ないところ）	やわらかく煮たもの	普通の果物やクッキー
	五分がゆ	やわらかいうどん パン	プレーンオムレツ 茶わん蒸し プディング	白身煮魚 さしみ（湯引き）	鶏ひき肉（脂肪の少ないところ）	やわらかく煮たもの	煮た果物 カステラ ババロア
	三分がゆ	くずねり	卵どうふ プディング	白身魚のほぐし煮 はんぺん		裏ごしまたはつぶしたもの	とうふ ブラマンジェ
流動食	重湯	くず湯	スープ・牛乳・卵黄・果汁・アイスクリーム・ゼリーなど				

子ども・高齢者・福祉・介護《実習題材》

⑧ 介護食を食べてみよう，食べさせてみよう

　「自分で食事すること」が当たり前で，食べることに苦労することなく日頃食事をしている。年をとると関節がこわばって手が利きにくくなる。手が不自由な状態で食べることの大変さを体験して，さらに食事の介助を体験してみて，介護食について考えてみよう。

【所要時間2時間】

関連内容　『続 図解 家庭科の実験・観察・実習指導集』「体の不自由な高齢者の介助を体験してみよう」

ねらい
- 手が不自由な状態で，自分で食べることの大変さと食べる工夫を考えさせる。
- 食事の介助する側と介助される側を体験して，介護食と介護の方法について理解する。

指導上の位置づけ
◆はしやスプーンの他に，自助具を準備して，ユニバーサルデザインに結びつけてもよい。

1　方法

1　うどんをつくる

市販のうどんをつくっておく。プリンは型から出して，平らな皿と深めの皿の2種類を用意する。

うどん　　　　　平らな皿に入れたプリン　　　　　深めの皿に入れたプリン

2　手を不自由な状態にして自分で食べてみる

手を不自由な状態にする

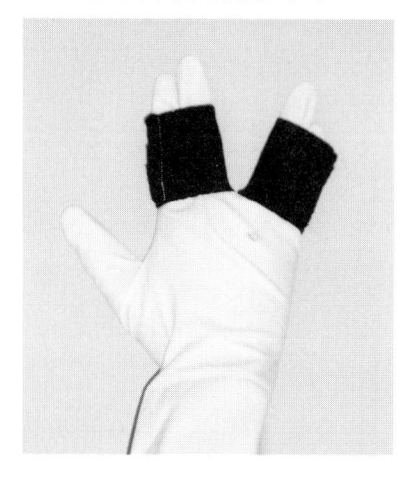

①利き手にゴム手袋をして，人差し指と中指，薬指と小指を，2本ずつ関節の部分を固定する。

②うどんを，はしやスプーンなどいろいろな用具を使って食べてみる。

③2種類の容器に入れたプリンを食べて，容器や用具によって食べやすさがどう違うか，比較する

3　2人ペアになって，食事を介助する側と介助される側の両方を，交代で体験する

①介助する側は，上手に食べさせるにはどうしたらよいか，考える。こぼさないで食べさせる工夫や，1回に食べさせる量はどのくらいがよいのか，実際にやってみる。

②介助される側は，介助の方法によって，食べやすさがどう違うかを体験して，介助にいかす。

材料　用具

材料 うどん（市販のかけうどん），プリン（型から取り出せるもの）
用具 関節を留める約4cm幅のゴム（②写真参照），または，約4cm幅のテーピング

留意点

- はし，スプーン以外に自助具を準備して，食べやすさを体験させてもよい。

2　食事介助の方法

1　食事の準備

季節のものを取り入れるなど食欲をそそる献立を考え，そしゃく力に合わせて，常食，きざみ食，流動食など，食べ物の大きさやかたさを工夫する。

2　ある程度自分で食べられる場合

介助される人はあごを引いた楽な姿勢で，使いやすい食器を使う。
介助者は，介助される人ができない動作を手伝う。

3　介助者が食べさせる場合

①**姿勢**　できる限り座って食事する。座れない場合は横向きで，横向きもできない場合は頭を少し高くし，顔を少し横に向けて食べ物が気道に入らないようにする。
②**服装など**　介助される人の肩から首のあたりまでクッションを当て，あごの下にナプキンやエプロンを当てる。介助者はできるだけ清潔な服装を心がけ，手をきれいに洗う。
③**位置**　介助者は，相手と同じ高さで，少し斜め前に座る。
④**食事の順序・量**　一般的には汁物から始め，主食，副食と交互に繰り返す。1回に口に入れる量とペースを介助される人に合わせ，温度にも注意する。
⑤**注意点**　はしやスプーンなどが歯や歯ぐきに当たらないようにする。
⑥**摂取状況の確認**　食べた量を確認し，少ないときは食欲をそそるような言葉をかけるなど，必要量を確保するよう配慮する。
⑦**食後の清潔**　最後にお茶や水を飲ませ，口の中をきれいにする。

3　ワークシート

自分で食べた感想，食事の介助する側と介助される側を体験して考えたことをまとめよう。

	考えたこと	工夫すべきこと
自分で食べてみて		
介助されて食べてみて		
介助して食べさせてみて		

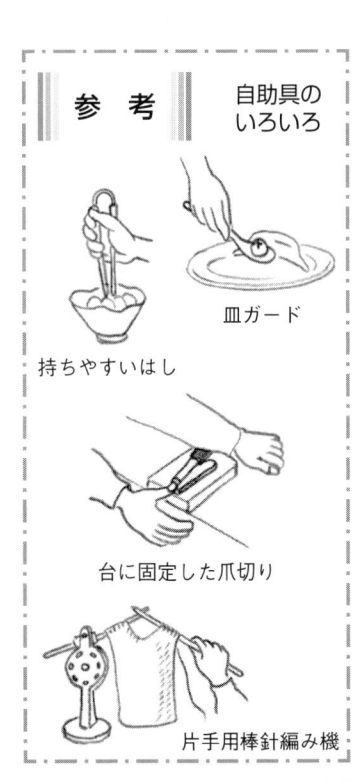

参考　自助具のいろいろ

持ちやすいはし

皿ガード

台に固定した爪切り

片手用棒針編み機

子ども・高齢者・福祉・介護《実習題材》

⑨ 乳幼児の安全を考える
乳幼児の見ている世界を実感しよう

　幼児の死亡原因の第1位は「不慮の事故」である。それも家庭内やその周辺での事故が圧倒的に多い。おとなにとって何でもないことが，子どもにとっては命を脅かす大きな危険につながっている場合もある。幼い子どもたちの生命と健康を守るために，乳児や幼児の目線に立って家庭内や周辺の環境を見直してみよう。

【所要時間1時間】

ねらい
・子どもの高さまで視線を下げることを通して，大人の気がつかない危険性を実感する。
・家庭内やその周辺には，子どもにとって危険な箇所が多いことを理解する。

指導上の位置づけ
◆子どもの生活と遊びの項目に，健康と安全が掲げられている。健康と安全に主眼を置くのもよいが，子ども理解の一環として導入の際に用いるのも効果的である。

1 方法

1 実習の事前学習
①乳幼児の死亡原因の1位が「不慮の事故」であること，その原因の内訳などを知る。
②乳幼児体験をすることを知る。乳幼児の身長や姿勢を考えて，視線を低くする工夫をする。

2 実習1　台車に乗ってベビーカーの高さを体験
①荷物運び用の台車を用意し，押す役と乗る役の生徒を2，3人ずつ決める。
②立ったままの姿勢で乗り，ゆっくり動かしてもらう。
③しゃがんだ姿勢になり，高さを確認してゆっくり動かしてもらい，周囲を見回す。
④荷台に仰向けに寝て高さを確認し，ゆっくりと動かしてもらい，周囲を見回す。
⑤台車の体験をした生徒は感想を全員に伝える。

3 実習2　「はいはい」と「つたい歩き」で見える世界を体験
①家の中をはいはいで動き回り，上を見上げてどのように見えるか確かめる。
②つたい歩きの視線を体験するため，座ったままいざって移動し周囲を見回してどのように見えるか確かめる。
③①．②の体験から，家庭内での危険箇所についてまとめる。

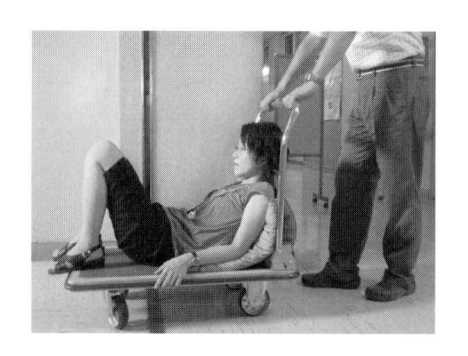

乳幼児の視線の高さ
ハイハイの姿勢	約20cm
おすわりの姿勢	約40cm
つたい歩き	60〜70cm
ベビーカー	60〜70cm

資料

乳幼児の死亡原因と不慮の事故
	0歳	1〜4歳	5〜9歳
1位	先天奇形等	不慮の事故	不慮の事故
2位	呼吸障害等	先天奇形等	悪性新生物
3位	乳幼児突然死症候群	悪性新生物	先天奇形等
4位	出血性障害等	心疾患	肺炎
5位	不慮の事故	肺炎	その他の新生物

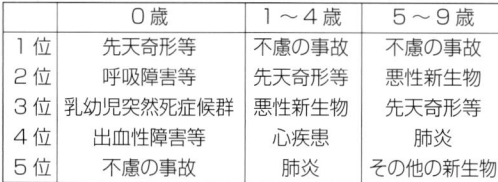

不慮の事故の内訳（カッコ内の数字は実数）
	0歳(149)	1〜4歳(207)	5〜9歳(169)
1位	窒息	交通事故	交通事故
2位	他殺	溺死・溺水	溺死・溺水
3位	その他の外因	窒息	他殺
4位	その他の不慮の事故	他殺	火災・火炎への曝露
5位	交通事故	その他の外因	その他の外因

（厚生労働省「平成18年　人口動態調査」より）

材料　用具

用具 体操服など動きやすく汚れてもかまわない服装，台車（なるべく荷台の大きなものがよい），ものさし，メジャー　など

留意点

- 実習1では，つかまるところを確保して乗る役の人の姿勢が安定するようにする。安全確保の面からは廊下や昇降口のような広いところで行うのがよいが，狭いところを通り抜ける体験をするとより一層「低さ」が実感できる。廊下では壁際を通ったり，両側に生徒が並んで立ち，その間を通るとよい。
- 実習中は常に高さを意識させるようにする。目の位置を計らせ，それが乳幼児のどんな高さになるかを確認する。
- 実習2は，家庭学習で実習させるとよい。学校で行う場合には，床がきれいで家具などがたくさん置かれている場所を選ぶ。また，体験した結果を持ち寄って，班ごとに家庭内の危険箇所マップを作成させてもよい。

子ども・高齢者・福祉・介護 ⑨

2 ワークシート「はいはい・つたい歩きの高さで見える世界を体験しよう」

乳児がはうときの視線の高さ　約 □ cm　→　同じにするには □

つたい歩きのときの視線の高さ　約 □ cm　→　同じにするには □

1 はいはいの高さで玄関から家の中を一周してみよう

赤ちゃんになったつもりで，音のするところや興味を引かれたところに近づいてみよう。ときどき止まって上を見上げてみよう。階段もあったら，のぼってみよう。

ルート	見えたもの	感じたこと
例）玄関（靴箱前）	靴箱の上の花がちょっとだけ見える	靴箱がすごく大きい

2 つたい歩きの高さで同じように一周してみよう

ルート	見えたもの	感じたこと

両方の体験を通して感じたこと，考えたことをまとめよう

27

子ども・高齢者・福祉・介護《実習題材》

⑩ 高齢者の食を考える
寝たきりでは，どんなものが食べやすい？

　寝たきりの高齢者が食事をすることは，かなり困難で，食事中に食べ物をのどに詰まらせて窒息したり，気管や肺に入ると誤嚥（ごえん）性肺炎など，命の危険さえともなう。水分補給するのも大変で，安全に飲み込みやすくする工夫が必要であるが，実際に寝たきりの状態で水分を飲んでみて，どんな状態のものが食べやすいのかを考えさせる。

【所要時間2時間】

ねらい
・寝たきりの状態で食事をすることの大変さを知る。
・介護食に，なぜとろみ（粘性）をつけるのか，気づかせる。

指導上の位置づけ
◆寝たきりの高齢者の食事の危険性を認識させてから，介護実習として取り組む。

1 方法

1 水分補給として，3種類の状態のものを準備する。

① 水　100mℓ

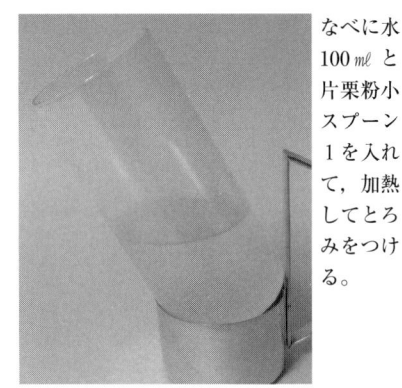

② とろみをつけた水　100mℓ

なべに水100mℓと片栗粉小スプーン1を入れて，加熱してとろみをつける。

③ ゼリー状にした水　100mℓ

水でふやかしたゼラチンを湯100mℓに入れて煮溶かしてから，冷やして固める。

2 2人ペアになり，1人は寝たきりの状態になり，3種類の水分をいろいろな姿勢で飲ませてもらう。交代して，介助する側と介助される側の両方を体験して，寝たきりでは，どんな水分の状態が飲みやすいかを考える。

下にビニールシートを敷く。
首の周りにもビニールやタオル等を巻いておく。

①3種類の姿勢で比較する。
　・仰向けで寝た状態
　・横を向いて寝た状態
　・30℃位に，枕等で体を起こした状態

②水飲みを，3つの飲み方で介助する。
　・湯飲み茶碗のまま飲ませる
　・ストローで飲ませる
　・スプーンで飲ませる

③とろみをつけた水と，ゼリー状にした水をスプーンで食べさせる。

材料　用具

材料 水100mℓ, とろみをつけた水（水100mℓ, 片栗粉小スプーン1）, ゼリー状にした水（水100mℓ, ゼラチン小スプーン1, 水大1〔ふやかし用〕）

用具 湯飲み茶碗3個, ストロー, スプーン, なべ, 小さじ, 大さじ, ビニールシート・タオル, 体操服など

留意点
- 水が飲みにくい場合, 水をお茶や砂糖水にしてもよい。
- こぼれて汚しやすいので, ビニールシートやタオルなどを準備し, 水を飲ませるときは無理して飲ませたり, ふざけたりしないように注意する。

2　ワークシート

姿勢によって, 水分の飲み込み方がどうだったか, 用具による違い, 水の粘性の違いによってどうだったか, 介助される側, 介助する側, それぞれの立場でまとめる。

姿勢	立場	水			とろみをつけた水	ゼリー状にした水
		湯飲み茶わん	ストロー	スプーン		
仰向けで寝た状態	介助される側					
	介助する側					
横向きで寝た状態	介助される側					
	介助する側					
体を30℃くらい起こした状態	介助される側					
	介助する側					

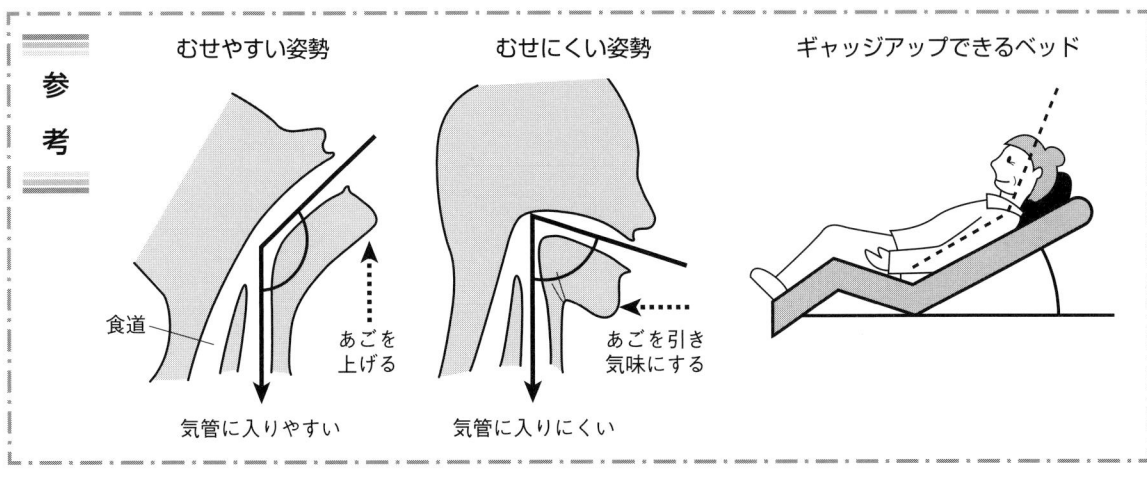

参考

むせやすい姿勢　食道／あごを上げる／気管に入りやすい

むせにくい姿勢　あごを引き気味にする／気管に入りにくい

ギャッジアップできるベッド

子ども・高齢者・福祉・介護⑩

子ども・高齢者・福祉・介護《実験題材》

⑪ 高齢者を体験してみよう
寝たきり体験を通して介護を考える

　高齢になって今までできたことができなくなるつらさ。それが最も進んだのが寝たきりであり，おむつをつけることである。介護はする側の大変さはよくいわれるが，される側はそれをどんなふうに受け止めているのだろうか。寝たきりになるということや介護される体験，おむつを身につける体験を通して介護に最も必要なものを考える。

【所要時間　寝たきり体験1時間】

ねらい
・寝たきりの体験やおむつの体験を通して，介護される側の気持ちを受け止め，介護にかかわるときに一番の鍵になるものについて考える。
・高齢者の食べる機能について理解を深める。

指導上の位置づけ
◆「介護の基礎を体験的に学ぶ」という範囲からは逸脱するように見えるが，この体験を通して「人間の尊厳」という抽象的な概念を具体的な行動の中で受け止めることができる。

材料　用具
材料（実習2）
ビスケット一人あたり2～3枚（やわらかいビスケットなどがよい）
（実習3）紙おむつ各種（人数分）

留意点
● 実習1は，二人で交代して1時間以内に体験が終了するようになっているが，生徒全員が一度に体験できる場所がある場合には，30分寝たきり体験をしたあとに寝たまま食べる体験を行うとよい。その場合，ビスケットは自分で口に入れる。
● 実習2は，高齢者の唾液が少なくぱさぱさした物が食べにくい状況を擬似体験し，寝たまま飲み込む場合の飲み込みにくさを知るための体験である。ぱさぱさしたビスケットが，唾液の助けで徐々に柔らかくなり，口の中で食塊ができていく様子が体験できる。
● 実習3は家庭での課題として取り組ませるとよい。さまざまな紙おむつが市販されており，多くの種類に触れることも寝たきりについて考えさせる契機となる。

1 方法

1 実習の事前学習
① 「寝たきり」の高齢者について，知っていることを出し合う。
② 「寝たきり」であると何が大変なのかを話し合う。介護する側とされる側の大変さの違いを考える。

2 実習1　「寝たきり」を体験してみよう
① 作法教室や柔道場などの畳敷きの場所，または体育館で二人一組になり一人が横になる。そのまま，眠らず，どこも動かさずしゃべらずにじっとしている。
② もう一人は，5分ごとに経過時間を知らせ，相手が無意識のうちに体を動かしているのを注意する。
③ 25分たったら，交代してもう一人が「寝たきり」を体験する。

3 実習2　「寝たまま食べる」を体験をしよう
① 二人一組になり，一人が横になる。もう一人はビスケット2～3枚を粗く割り，一度に相手の口に入れる。
② 横になった者は，ビスケットにむせるのを少し我慢して，あまりかまずにビスケットが口の中でどのように変化していくかを感じ取る。寝たまま飲み込む時の飲み込みにくさを体験する。

4 実習3　「おむつ」を体験してみよう
① 市販されているいろいろな紙おむつを用意し，その中から男女や体格などに応じて自分にふさわしいものを1つ選んで家庭に持ち帰る。
② 肌に直接紙おむつを着け，その上から通常の衣類を身につけて1時間そのままにしている。
③ 横になった状態で紙おむつの中に排尿をする。さらに1時間そのままにしている。どうしても，紙おむつに排尿できない場合はぬるま湯を300cc紙おむつ内にたらし，それを着け1時間過ごす。

2 ワークシート「寝たきり体験を通して介護を考える」

1 実習の前に
あなたは介護についてどんなことを知っていますか。介護は大変だとよく言われますが、どんなところが大変なのでしょうか。

2 「寝たきり」を体験してみよう
自分が想像していたのと違っていただろうか。感じたことを書いてみよう。

3 「寝たまま食べる」を体験しよう
3つのポイントを感じられただろうか。
ポイント1　唾液の分泌が少ない高齢者の食べにくさ
ポイント2　飲み込むためには食塊できることが必要
ポイント3　寝たまま飲み込む困難さ

4 「おむつ」を体験してみよう
紙おむつを直に身につけて感じたことを書こう

紙おむつの中に排尿するとき感じたことを書こう

ぬれた紙おむつを身につけていて感じたことを書こう

5 実習を終えて
介護について今の考えを書いてみよう。介護される側から見たとき何が一番大切だろうか。

年　　組　　番　氏名　　　　　　　　班員

子ども・高齢者・福祉・介護⑪

生活一般・環境《実験題材》

❶ 軟水と硬水の違いを調べよう
硬水はおいしい？　硬水の泡立ちは？

水にはマグネシウムやカルシウムなどの金属塩類が含まれている。金属塩類が多く含まれている水を硬水，少ない水を軟水という。今日では，水道水の問題（カルキ臭，殺菌剤混入など）から飲料水などにミネラルウォーターを使用する人が増えている。また，カルシウムを多く摂取したい人もいて硬度の高いミネラルウォーターを外国（主にフランス）からたくさん輸入している。ここでは，PETボトル表示の硬度を調べ，硬度の差が水の味や石けんの泡立ちなどに違いがあるかを調べてみよう。　【所要時間50分】

ねらい
- 水には軟水と硬水があり，地域（特に日本とヨーロッパ）によって大きな違いがある。
- 日本国内では北海道・本州・沖縄等で硬度が少し異なるが，すべて軟水である。
- ミネラルウォーターのPET容器に表示してある硬度と水の味，石けんの泡立ちなどを調べて，軟水と硬水の違いを知る。

指導上の位置づけ
◆ わたしたちが飲んでいるPET容器のミネラルウォーターには硬度表示があり，その数値の違いはカルシウムやマグネシウムの量によって決まることや，水のおいしさや石けんの泡立ちなどに関係していることを理解する。
◆ 日本の水は軟水のため，石けんをそのまま使用することができることを知る。

1　硬度の異なるミネラルウォーターを飲み比べてみよう

きれいに洗ったPET容器のキャップに各種硬度（例えば，10～80，200～500，1000以上）のミネラルウォーターを注ぎ，一口飲んでそれぞれの味を確かめる。

2　硬度の異なるミネラルウォーターによる石けんの泡立ち

1. 1cmごとに目盛りをつけたキャップつきPET容器に各ミネラルウォーターを約50mℓとる。
2. スポイトで液体石けんを3滴加え，キャップをして20回振る。
3. 1分後の泡立ちの高さを読み，比較する。

各種硬度のミネラルウォーターの石けん水による泡立ち

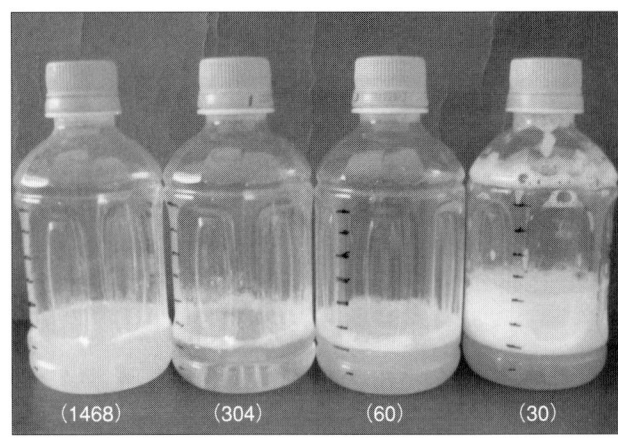

(1468)　(304)　(60)　(30)

（かっこ内の数字はアメリカ硬度を示す）

参考　ヨーロッパの水はなぜ硬水？
ヨーロッパ大陸は石灰岩が多く地下水の流れが緩やかなので，十分にミネラルを含んだ水となり，これがミネラルウォーターや水道水に使われる。

ヨーロッパで石けんを使うと
ヨーロッパで石けんを使用すると泡立たないことを旅行中に気づく人も多い。ヨーロッパでは，繊維製品の精練工程等で使用する水は，石けんが使えるように石灰などを混入して軟水化して用いている。硬水のまま使用すると，石けんかすが発生して効果が低減したり，黄ばみの原因となるからである。日本は軟水なので，このような処理は必要ない。

合成洗剤は硬水でも泡立つが，軟水ほどではない。

> **材料 用具**
> **材料** 硬度の異なるミネラルウォーター（3〜4種），液体石けん，炭酸ナトリウム
> **用具** PET容器のキャップ（できるだけ多く），スポイト，目盛りをつけたキャップつきPET容器（250または500㎖），ろ紙，三角ロート，上皿天秤（最小目盛り0.01g），100㎖メスシリンダー

3 ミネラルウォーターに含まれる金属塩類を析出してみよう

1. キャップつきPET容器に各ミネラルウォーターを約50㎖入れ，炭酸ナトリウム2gを加え，キャップをして十分に振る（100回ぐらい）。

2. 1分間放置して液の状態（にごりや沈殿の様子）を観察する。

3. ろ紙の重さ（W_0）をはかり，空のPET容器の口に三角ロートとろ紙を当てる。

4. 2のPET容器の液をこす。

5. ろ紙を乾燥後，その重さ（W_1）をはかる。（$W_1 - W_0$）*が析出したカルシウムなどの金属塩の量である。

6. 4のこした液に液体石けんをスポイトで3滴加え，キャップをして20回くらい振り，泡立ちするかどうかを確かめる。

*ろ紙は吸湿しやすく，測定時の湿度によって重さが変わるので，正確な値ではない。

各種硬度のミネラルウォーターに炭酸ナトリウムを加えた状態

(1468)　(304)　(30)

（硬度が高いとにごりが出るが，低いと透明なままである。）

ろ紙でこす

白い粉末が析出したもの

水の硬度と硬度の算出方法について

資料
水の中に含まれるカルシウムやマグネシウムなどの金属塩類の量によって，軟水と硬水に分けられる。軟水と硬水の度合いを示す数字を硬度といい，アメリカ式とドイツ式がある。今日では通常，アメリカ硬度を使用している。一般にアメリカ硬度100以下を軟水，100〜300を中硬水，300以上を硬水と区別しているが，厳密なものではない。
アメリカ硬度は水1ℓに含まれるカルシウムイオンとマグネシウムイオンの量を炭酸カルシウム量に換算したmg数で表し，ドイツ硬度は水100㎖中に含まれるカルシウムイオンとマグネシウムイオンの量を酸化カルシウム量に換算したmg数で表す。アメリカ硬度の算出は1ℓ中に含まれるカルシウム量（mg）の2.5倍と，マグネシウム量（mg）の4.1倍を加えた数値で表す。PET容器に表示の硬度と合致するかどうか成分表のカルシウムとマグネシウムの値から算出してみよう。なお，アメリカ硬度＝1.78×ドイツ硬度で換算できる。

生活一般・環境《実験題材》

② 界面活性剤の性質
表面張力を下げる力とは？

　界面活性剤は，産業界だけでなく，わたしたちの身の回りでいろいろと使われている。代表的な用途は洗剤やシャンプー，リンスなどである。ここでは，界面活性剤の溶液が表面張力を下げる作用があるといわれることを簡単な実験で調べ，それがどのようなところに関係しているかを考えてみよう。

【所要時間30〜60分】

関連内容　『続 図解 家庭科の実験・観察・実習指導集』「廃油石けん作り．洗剤のはたらきを理解しよう」

ねらい
・生活の場面で多く使用している界面活性剤の性質を知る。
・表面張力を下げることはどのような効果をもたらすかを考える。

指導上の位置づけ
◆身近にある石けん，合成洗剤，シャンプー，リンス，柔軟剤，帯電防止剤などに含まれている界面活性剤の作用を実験を通して学ぶ。

方法1　界面活性剤の表面張力を調べる

1　石けんや合成洗剤などで実際の使用濃度くらいに溶かした溶液を少量（約50mℓ）つくる。

2　pH試験紙またはpHメーターで各液と水のpHをはかる（省略可）。

3　拡散法（平面法）で表面張力をはかる。*
①シャーレ，スライドグラスまたは透明プラスチック板の下に1mm方眼紙を敷く。
②スポイトで水，洗剤液などを2滴，同じ位置に重ねて落とす。
③1分後の水滴の広がりを方眼紙の目盛りから，たて・よこ方向の幅を読む。拡大鏡を使うとよい。
④用いたシャーレなどは測定後，水で洗ってティッシュペーパーでよくふき，乾いてから次の測定をする。3回測定して平均する。

拡散法（平面法）

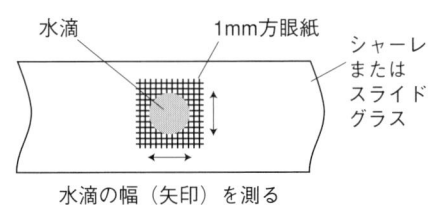

水滴の幅（矢印）を測る

＊メチルアルコールまたはエチルアルコールはどれくらいか，比べてみよう。

スポイトでシャーレに2滴ずつ落とす

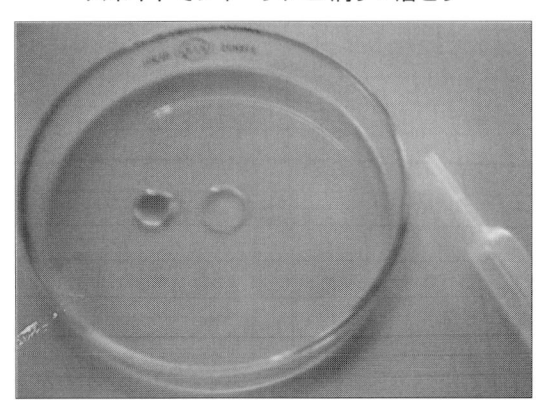

水玉の大きさを1mm方眼紙からたて・よこの幅を読む

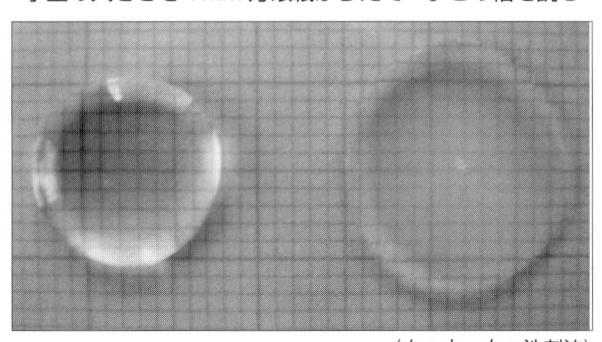

（左：水，右：洗剤液）

材料　用具

材料 石けん，合成洗剤，シャンプー，リンス，綿布，ティッシュペーパー，1mm方眼紙
用具 pH試験紙またはpHメーター，シャーレまたはスライドグラス，スポイト，拡大鏡，吸水装置，ビーカーまたはビーカー型PET容器，ピンセット，水性ペン，ストップウォッチ，ものさし

方法2　布が水を吸収する速さから界面活性剤のはたらきを知ろう

1. 下図の沈降法，滴下法または吸い上げ法で，水と洗剤液で布の吸水性（吸水速度）を調べる。ビーカーの代わりにビーカー型に切ったPET容器を使ってもよい。

2. 吸い上げ法では布表面に水性ペンで目盛りをつけておくと，吸い上げ高さが読みやすい。

関連内容　『図解 家庭科の実験・観察・実習指導集』「水を吸う布はどれだろう」

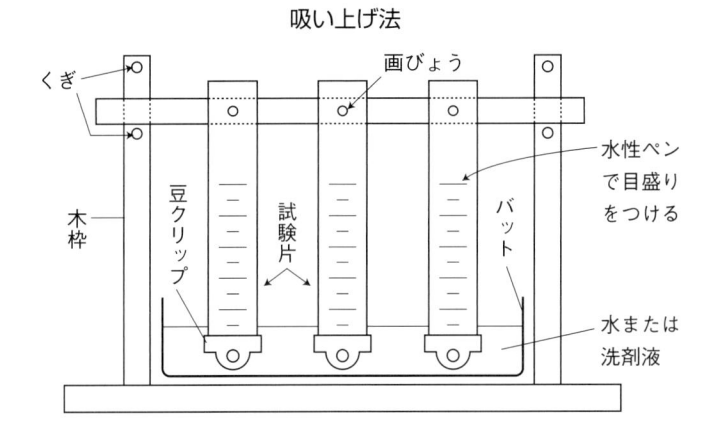

吸い上げ法

滴下法（左）と沈降法（右）

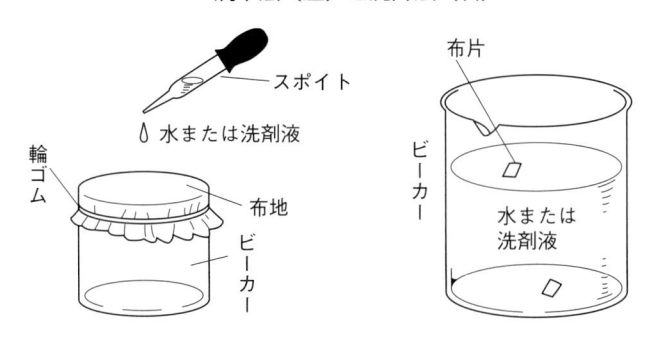

参考

界面活性剤とは？

界面活性剤は界面（液体と固体，液体と液体，液体と気体）の境界における表面張力を低下させる性質をもつ物質である。種類はイオン系（陰イオン，陽イオン，両性イオン）と非イオン系がある。界面活性剤は，いろいろな工場や家庭等で幅広く使用している。代表的な用途は石けんや洗剤などの洗浄剤で，陰イオンと非イオンのものが多い。陽イオンのものは柔軟剤，帯電防止剤，はっ水剤，染色助剤などに使用している。

石けんや洗剤の界面活性剤は，汚れ落とし4つの作用（浸透作用，分散作用，乳化作用，再汚染防止作用）を行っている。

生活一般・環境《実験題材》

③ 重曹＋天然サポニンの洗浄力
昔の知恵を活用した汚れ落とし

　重曹（炭酸水素ナトリウム）は，石けんや合成洗剤と同じアルカリ性の物質で，汗や各種脂肪酸などの汚れを中和して除くことができるので汚れ落としに使用しているが，石けんや合成洗剤のように泡立つことはない。そこで，石けんが十分普及していなかった時代の汚れ落としに使われた「むくろじ」や「えごのき」などの果皮に含まれる天然サポニンの泡立ちを重曹にプラスして，汚れ落としのパワーを高めてみよう。

【所要時間30〜60分】

ねらい
- 石けんや合成洗剤の代わりに使用している重曹に天然サポニンの泡を加えることで，汚れ落としの相乗効果があるかどうかを調べる。
- むくろじ，えごのき，さいかちの果皮やサボン草の葉の泡立ちを調べる。

指導上の位置づけ
- 合成洗剤を使わなくても，重曹と天然サポニンを併用することで汚れ落としができることを知る。
- 昔の汚れ落としの知恵を活用することで，安全・安心で清潔な生活ができることを知る。

1　天然サポニンの泡立ちを調べよう

むくろじ
　ムクロジ科の落葉高木で日本各地に自生している。初夏に淡黄緑色の5弁の小花を小枝にたくさんつけ，秋に茶色の果実となる。果実の皮はやや粘着性があり，天然サポニンを含む。種は黒い球状で，羽根つきの球に用いた。

えごのき
　エゴノキ科の落葉高木で，日本各地に自生したり，公園や庭木として植えられている。初夏に白色の5弁の花を下に向けて咲く。果実は緑色の小さな卵形で，熟すと茶褐色になり，割れて褐色の種が出る。果皮に天然サポニンを含む。種子は昔，お手玉に使った。

さいかち
　マメ科の落葉高木で初夏に緑黄色の細かい4弁の花が咲く。秋に5〜30cmのさや状の果実が垂下する。果皮に天然サポニンを含む。木はかぶと虫が好む樹液を出す。

サボン草
　ナデシコ科のヨーロッパ原産の多年草。夏にピンク色の5弁の花が咲く。葉や根に天然サポニンを含む。根は痰除去生薬に用いる。サボン草は石けん草ともいい，主にヨーロッパで石けん代わりに使われた。サボン（石けん）の名前の由来となった植物である。

材料・用具

材料 重曹，むくろじ・えごのき・さいかちの果実，サボン草の葉，台所用洗剤

用具 目盛りをつけたキャップつきPET容器（できるだけ多く），ふきんまたはスポンジ

1. むくろじやえごのきの果皮を少量（約0.1〜0.2g，むくろじは1個の1/10，えごのきとさいかちは1個分，サボン草の葉は2枚）を手で細かく砕いて，目盛りをつけたキャップつきPET容器に入れ，水道水を約50mL加える。

2. キャップをしてPET容器を50〜100回，強く振る。さいかちとサボン草はすぐに泡立たないので，泡が出るまで振とうを行う。

3. 約1分間放置後，泡立ちの高さを目盛りからはかる。

4. 約30分後でも泡は消えていないことを確かめる。

天然サポニンの泡立ち（左からむくろじ，えごのき，さいかち，サボン草）

2 重曹＋天然サポニンの汚れ落としを調べよう

1. キャップつきPET容器に約25mLの水と天然サポニン約0.1g，重曹1gを入れ，よく振って泡立てる。

2. 泡と一緒に液を不用布やスポンジにつけて，実験器具類，汚れている机や実験台，汚れた食器類などをふく。

3. 重曹のみの場合や台所用洗剤の場合と比べてみる。

3 どんなところの汚れが落とせるだろうか？

重曹は，弱アルカリ性という性質を生かして，酸性汚れを中和して落としている。汗は酸性（pH4〜5）で，汗で汚れた衣服，手の汗がついたドアのノブなどの汚れ落としには有効である。その他，風呂場，洗面所，流し台，冷蔵庫，電子レンジなど手垢の付いた汚れも取り除くことができる。「重曹＋天然サポニン」で洗ったりふいたりした後は，水ふきをして重曹を除去する。

活用　汚れ落としに使えるアルカリと酸

重曹（重炭酸ソーダの略，正式には炭酸水素ナトリウム，$NaHCO_3$，pH約8，弱アルカリ性）のほかに，セスキ炭酸ナトリウム（$Na_2CO_3 \cdot NaHCO_3 \cdot 2H_2O$，pH約9.8，中アルカリ性）や炭酸ナトリウム（$Na_2CO_3$，pH約11.2，強アルカリ性）などがある。pHが大きいものは薄めて使用する。いずれも百円ショップ等で市販されている。

くえん酸を溶かした水溶液は酸性なので，トイレや下着の汚れ，電気ポットのカルキなどアルカリ性の汚れ落としに使用することができる。食酢（酸性）も同様にアルカリ性の汚れ落としに使えるが，酢酸臭が残る。

生活一般・環境《実験題材》

❹ 家電製品の安全で省エネルギーになる使い方
賢く省エネ家電製品

　地球環境問題は深刻さを増し，人類共通の最重要課題と誰もが認識するようになった。限りある資源を大切に使い，守っていくことはわたしたちの責務である。日々の生活に大量の資源やエネルギーを使っているわたしたちは，環境問題の被害者でもあり，同時に加害者でもあることを認識しなくてはならない。そこで，特に日常生活になくてはならない電気エネルギーを中心に，電力消費量の計測から省エネルギーを考え，生活の見直しを図る。

【所要時間1時間】

ねらい
・電気エネルギーを中心に，エネルギー問題や地球温暖化等の現状を認識する。
・エネルギーを賢く利用する方法や工夫を考え，生活のなかに活かす。

指導上の位置づけ
◆「消費生活と環境」「消費行動と環境」における問題点と課題の一つの題材として扱う。
◆家電製品の電力消費量の計測を通して，安全で賢い家電製品の使い方を考える。

1 実験方法

1. 電力測定器前面のコンセントに測定する機器の電源プラグをしっかりと差し込み，検電器を壁付きコンセントやテーブルタップに差し込む。

2. 電源投入時は，電圧測定モードとなっており，左上に［METER］が，右上に［Volt］が表示され，接続されている電源電圧が随時表示される。左上に［METER］が表示されていることを確認し，［Watt］：電力のスイッチを押す。

3. 電力を測定する。授業では，冷蔵庫，アイロン，エアコン，テレビ，扇風機，蛍光灯など，家庭にも学校にもある電化製品を利用するとよい。
　事前に，消費電力の多そうな電化製品を予想させてから測定するのも効果的である。

4. 電力から電力量を計算し，それぞれ比較する。電気の使用量から二酸化炭素の排出量を算出する。

5. 家電製品の省エネになる使い方を考える。

2 ワークシート

賢い省エネを考えよう

	消費電力 （W）	電力使用量 （W×時間）	CO_2排出量 （電力使用量×CO_2係数）
冷蔵庫			× 0.12 =　　　kg
アイロン			× 0.12 =　　　kg
エアコン			× 0.12 =　　　kg
テレビ			× 0.12 =　　　kg
扇風機			× 0.12 =　　　kg
蛍光灯			× 0.12 =　　　kg

実験結果から考察しよう！

省エネの方法を考えよう！

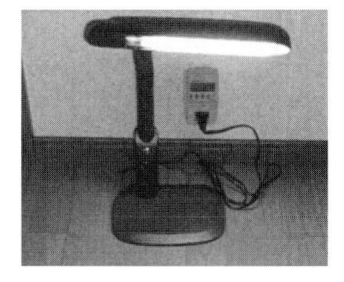

用具　被検物

用具 電力測定器（商品名：ワットチェッカー）（エコワット，ワットアワーメーターなども利用できる）。
被検物 家庭で使用する電化製品（冷蔵庫，アイロン，エアコン，テレビ，扇風機，蛍光灯など）（学校にあるものを利用するとよい。）

留意点

- ワークショップ形式で進める。
- 指導上，押さえたい留意点
  ○トラッキング現象：電気のプラグの刃と刃の間にたまったほこりに湿気が加わり，そこに電流が流れ，その部分が発熱し，火事につながる恐れもある現象である。掃除の大切さを認識させる。
  ○ヒートショック：家庭内事故の死亡要因の3分の1が風呂場での事故で，特に冬場が多く，年間約3,000人が亡くなっている。日本特有の事故で，部屋の寒暖の差が激しいことが心筋梗塞や脳卒中を招く。省エネの観点は大切であるが，住宅内の熱環境も併せて考えなければならない。

3　家電製品の安全で省エネになる使い方　　電気をむだに使わない工夫

1 テレビ
・テレビを見ないときはつけっ放しにせず，消すこと。
・画面は静電気でほこりがつきやすいので，こまめに掃除する。

2 暖房器具
・部屋を暖めるだけでなく，暖めた空気を逃がさない工夫をする（カーテンや敷物の利用）。
・部屋の広さや日光のさし方等を考慮し，暖房器具の種類と特徴を考えて使い分ける。
・エアコンは冷房向きにできているので，暖房で使うと効率が悪い。体感温度が確保できないため，他の暖房器具と併用することが多い（家庭の消費エネルギーの中で暖房は30％の割合を占める）。

3 冷蔵庫
・庫内に食品を多く入れすぎると性能が落ちるため，詰めすぎに注意し，ドアの開閉は短時間にする。
・季節や食品の入れ具合に応じて温度設定の調節をする。また，熱い物を入れると庫内の温度が上がり，冷やすために余分なエネルギーを使うことになるため，常温にさましてから入れる。
・庫内を冷やすために表面から放熱しているので，壁から適切な間隔で設置する。

4 照明器具
・照明器具が汚れていないか点検し，明るさを保つ。
・人がいない部屋はこまめに消灯する。
・高効率照明器具に付け替える。

5 エアコン
・エアコンの温度設定は，冷房28℃，暖房20℃。
・冷房時は日差しをカットする工夫（カーテンやすだれなど）や扇風機の併用も有効である。
・フィルターの汚れは，冷暖房機能の低下やほこりや汚れなどによる嫌な臭いの元なのでこまめに掃除する。
・エアコンはつけっ放しにせず，部屋を出るときは確認する。
・室外機のそばに物を置かない。

6 洗濯機・アイロン・掃除機
・洗濯物は少量を何回にも分けて洗うより，洗濯機の容量に合わせて洗う回数を少なくするほうが手間も省け，省エネになる。
・アイロン台にアルミ箔を貼って熱反射を利用する。小物類は余熱を利用する。
・掃除機のフィルターはこまめに掃除し，性能の低下を防ぐ。
・大きいごみはあらかじめ拾っておくなど，掃除機の使用時間を短くする。

◎日頃の生活を改めて考えよう・・環境にやさしい生活術

家族団らん	早寝早起き
家族が同じ部屋で過ごすひと時は，テレビやエアコン，照明など一緒に使い省エネに。	早い就寝はそれだけ電気を使わず，早い起床は夏場のエアコン，照明の必要もなく省エネに。

参考

● 待機電力とスイッチコンセント
　便利さの陰に隠れて見過ごしやすい待機電力は，電力資源の無駄につながる。
　待機電力の測定方法は，「続 図解 家庭科の実験・観察・実習指導集」に掲載されている。また省エネのために行うコンセントの差し抜きはかえって危険なため，手元で操作できるスイッチコンセントの利用を。
● ドライ運転は省エネ？
　夏のエアコンは冷房よりドライ運転が省エネになると誤解しやすいが間違いである。急激に温度を下げて結露をつくるため，かえって電気を消費する。

生活一般・環境 ④

生活一般・環境《実験題材》

⑤ プラスチック類を分別しよう
理由を知って納得してエコ実践

わたしたちが日常使っているものを廃棄するときに、分別を行うのは、リサイクルを通して地球環境を守るためである。特にプラスチック類はごみとして出すと、二酸化炭素のほかに多量の黒い煤煙が出たり、有毒ガスが発生したりするので、分別回収して、少しでも地球環境を守るように心がける。

【所要時間 1 時間】

関連内容 『続 図解 家庭科の実験・観察・実習指導集』「危険なプラスチックを見分けよう」

ねらい
・石油からつくられるプラスチック類は、燃やすと有毒ガスが出る、そのまま捨てると分解しにくい、など、環境汚染の問題が生じることを知る。
・プラスチック類の一部(PETと発泡スチロール)は、リサイクルが確立しているので分別回収する。

指導上の位置づけ
◆ごみなどの廃棄物の分別は市町村によってさまざまであるが、プラスチック類のPETと発泡スチロール容器の分別はどこでも行われている。
◆プラスチック類では、なぜPETと発泡スチロールだけが分別されているのか考える。

1　燃やすと危険なプラスチック類をチェックして分別回収しよう

1. プラスチック製の飲料用ボトルはすべてPET(ポリエチレンテレフタレート)である。キャップはPE(ポリエチレン)またはPP(ポリプロピレン)でつくられており、PETではないのではずしたり、ラベルはPETでも色がついているのではがし、PET容器を洗って分別して回収ボックスに入れる。

2. 食品トレーや梱包材に使用の発泡スチロールはすべてPS(ポリスチレン)であるので、容器を洗って分別して回収ボックスに入れる。汚れたトレーや色つきのトレーは回収ボックスに入れない。

3. 飲料用ボトルや発泡スチロール以外のプラスチック類(卵パック、透明食品用トレー、サンドイッチ容器、コンビニ弁当容器など)は、いろいろなプラスチック(PET、PS、PVC《ポリ塩化ビニル》、PPなど)を使っているので、「その他のプラ」として集められて分別回収が行われていない。しかし、右表のように三角マークの中の数字によってプラスチックの種類がわかるようになっているので、今後PVCやPPなどのプラスチックのリサイクルの方法も開発されたときには、消費者の意識を高めて分別回収をすすめる必要がある。

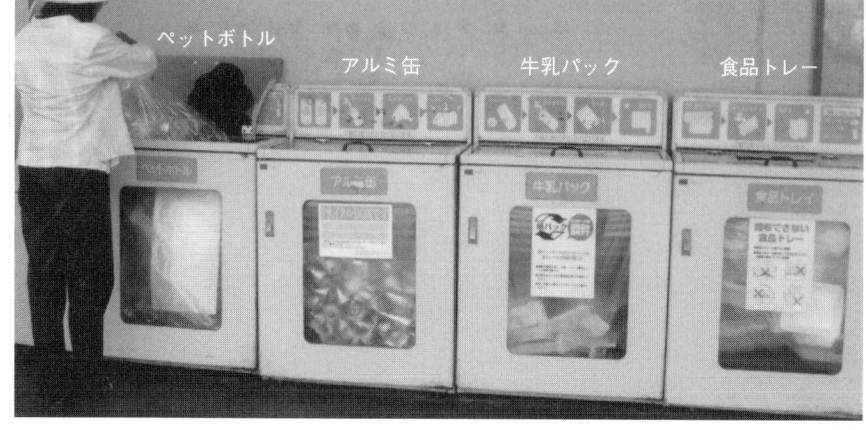

分別回収用ボックス

40

材料　用具

材料 PET容器，PS容器，PP（PET容器のキャップ，ひも），PE（PET容器のキャップ，ポリ袋），PVC（トレー，電気コード，ラップ）

用具 アルコールランプまたはろうそく，空き缶のふた，アルミホイル，マッチ，ピンセット，ぬれた雑巾

留意点
- プラスチック類を燃やして調べるときは，できるだけ小片（$1cm^2$以下）で行い，換気に留意する。
- 煙やすすを吸引しないようにする。
- 火を使うので，空き缶にアルミホイルを敷いて，その中で行う。

2　PETとPSを燃やすと黒煤煙が出るわけは？

[1] PETとPSの小片をアルコールランプまたはろうそくの炎に近づけて燃やし，黒いすすが出たり，悪臭がすることを確かめる。また，PETもPSも熱で溶けると糸を引くことを確かめる。

[2] [1]と同様に，PPやPEの小片を燃やして，黒いすすは出ず臭いもなく，糸を引くことを確かめる。

[3] [1]と同様に，PVCの小片を燃やして，アルコールランプやろうそくの炎の中では黒いすすを出して燃え，刺激臭を出すが，炎から遠ざけると消えることや糸を引かないことを確かめる。

[4] [1]～[3]のプラスチックの燃え方の違いや黒いすすを出したり出さなかったりするのは，下表に示した分子構造と関係している。ベンゼン環をもつPETとPSは，ベンゼン環が燃えにくいので，不完全燃焼をして黒煤煙を出す。PVCは塩素を含むので燃えにくく，不完全燃焼をして黒煤煙を出し有害で刺激臭のある塩素や塩化水素のガスを出す。PPとPEは，炭素と水素の鎖状分子で構成しているので，溶けながら燃えるのみで，黒いすすを出さず，有毒ガスも発生しない。PET, PS, PP, PEが溶けて糸を引くのは溶融法で造られているからである。

主なプラスチックの分子構造とプラスチック識別マーク

プラスチック	分子構造	マーク	燃え方
PET	$H\{O\cdot CH_2\cdot CH_2\cdot OOC\text{-}\bigcirc\text{-}CO\}_n OH$	1 PET	黒煤煙　糸曳性　刺激臭
PS	$H\{CH_2\text{-}CH(\bigcirc)\}_n H$	6 PS	激しい黒煤煙　激しい刺激臭
PP	$H\{CH_2\text{-}CH(CH_3)\}_n H$	5	無煙　糸曳性　無臭
PE*	$H\{CH_2\text{-}CH_2\}_n H$	2 HDPE	無煙　糸曳性　無臭
PVC	$H\{CH_2\text{-}CH(Cl)\}_n H$	3 PVC	黒煤煙　難燃　有毒ガス

＊PEは高密度ポリエチレン（HDPE）と低密度ポリエチレン（LDPE）　4 LDPE　がある。

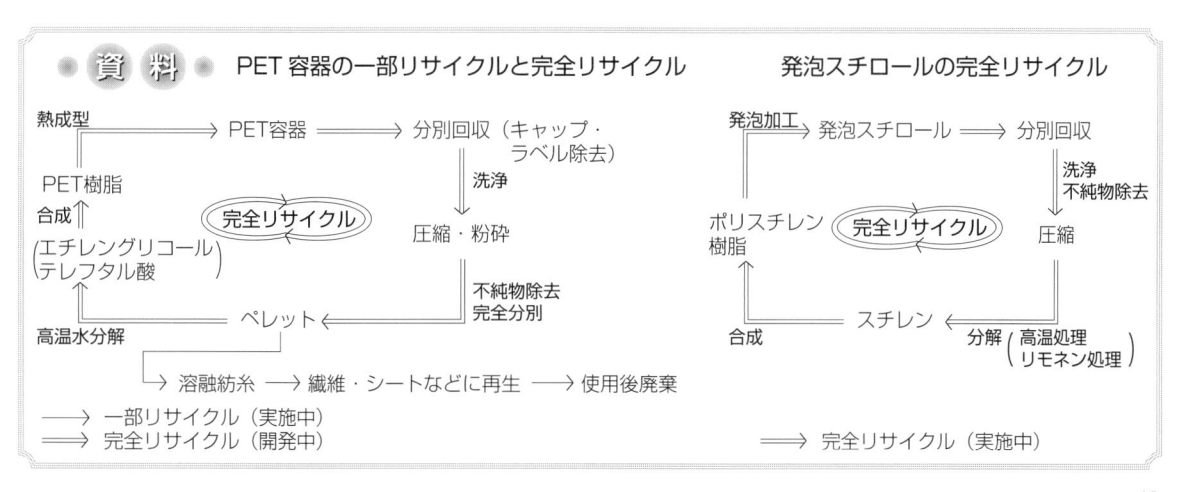

生活一般・環境 ⑤

資料　PET容器の一部リサイクルと完全リサイクル

熱成型 → PET容器 → 分別回収（キャップ・ラベル除去）
PET樹脂合成 ↑　　　(完全リサイクル)　　　↓洗浄
（エチレングリコール／テレフタル酸）　　　圧縮・粉砕
高温水分解 ← ペレット ← 不純物除去 完全分別
→ 溶融紡糸 → 繊維・シートなどに再生 → 使用後廃棄

発泡スチロールの完全リサイクル

発泡加工 → 発泡スチロール ⇒ 分別回収
ポリスチレン樹脂 ↑　(完全リサイクル)　↓洗浄 不純物除去
合成 ← スチレン ← 分解（高温処理／リモネン処理）← 圧縮

→ 一部リサイクル（実施中）
⇒ 完全リサイクル（開発中）

⇒ 完全リサイクル（実施中）

生活一般・環境《実験題材》

⑥ 衣服のかびはどうして発生する
じめじめ対策を考えよう

かびは食品や台所，浴室，冷蔵庫内などの水気の多い場所に発生しやすいが，保管の仕方によっては衣服にも発生する。特に，近年は建物の気密性が高く，暖房や加湿器などが普及して，梅雨時だけでなく冬でもかびが発生している。
ここでは，衣服に発生するかびの原因を探り，かび対策を考えよう。

【所要時間30～60分】

ねらい
・かびは家庭内の衣食住あらゆる場所や物で発生していることに気づかせる。
・かびの発生原因を知り，かびを発生させない方法を考える。
・かびが発生すると悪臭も出していることに気づかせる。

指導上の位置づけ
◆かびは衛生上好ましくないことや，衣服にも保管を誤るとかびが発生することがあることに気づかせ，その原因と対策を考え，安全・安心の生活ができるようにする。

方法1　布に発生するかびとは

1 **汗によるかびと臭いを調べる**
①洗濯済み白綿布（約10cm×10cm）を2枚とり，1枚はそのまま，他の1枚は汗を十分にふく。
②2枚の布に水約2mlをふりかけ，家庭用ポリ袋に別々に入れ，輪ゴムでしっかり密封する。
③夏季で3日間，冬季で1週間放置後，ポリ袋を開け，ポリ袋内の臭いと布のかびの発生状態を調べる。

ポリ袋内に5日間密封した状態

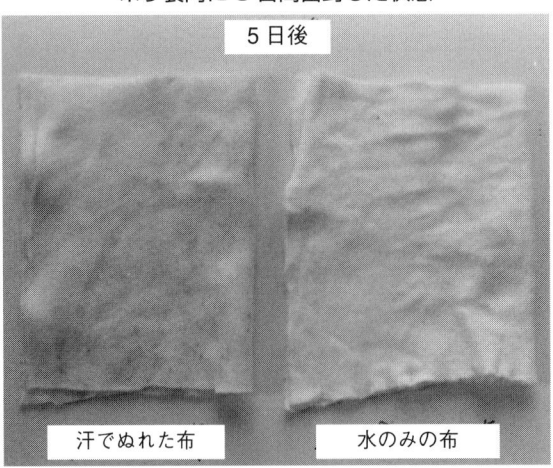

5日後

汗でぬれた布　　　水のみの布

左の汗でぬれた布はかびが発生している。

参考　**かびの発生原因とかびの発生を防ぐ方法**
　かびは，実験で明らかなように，夏のような高温・高湿度で栄養分があると発生する。
　一般に温度25℃以上，湿度75％以上，栄養分の存在の三つの条件がそろうとかびが発生する。例えば，夏の雨の日が続くような高温・高湿度下でも，洗濯した衣服にかびが発生しないのは栄養源がないからである。アルコールで拭くと栄養分が少なくなるので，かびは発生しにくくなる。台所，浴室，冷蔵庫内など汚れや水滴がついてかびが発生しやすいところをアルコールでよく拭いておくとよい。

材料　用具
材料 白綿布，しょうゆ・牛乳・ジュースなどしみになるもの
用具 家庭用ポリ袋，プラスチック容器またはデシケーター，プラスチックトレー，スポイト，割りばし，不用布，輪ゴム

2 しみによるかびの発生を調べる

① 洗濯済み白綿布（約5cm×5cm）を4～5枚，用意する。
② 水，しょうゆ，牛乳，ジュースなどをスポイトで1滴，布に落としてしみをつける。
③ あらかじめ用意したデシケーターまたはプラスチック容器（前日までに水約50mlを入れて密閉したもの）の受け皿に②の布地を置く。
④ 2日目くらいから容器内の布にかびが発生したかを外から見て調べる。
⑤ 5～7日後に取り出し，かびの状態を調べる。

かび発生用プラスチック容器
― 透明プラスチック容器
― 汚れた布
― 受け皿（プラスチックトレー）
― 水（約50ml）

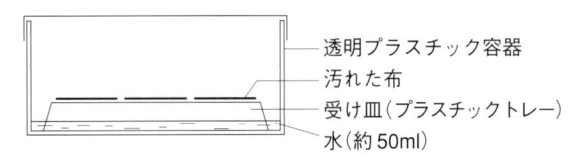

水の入ったデシケーターに4日間放置した状態

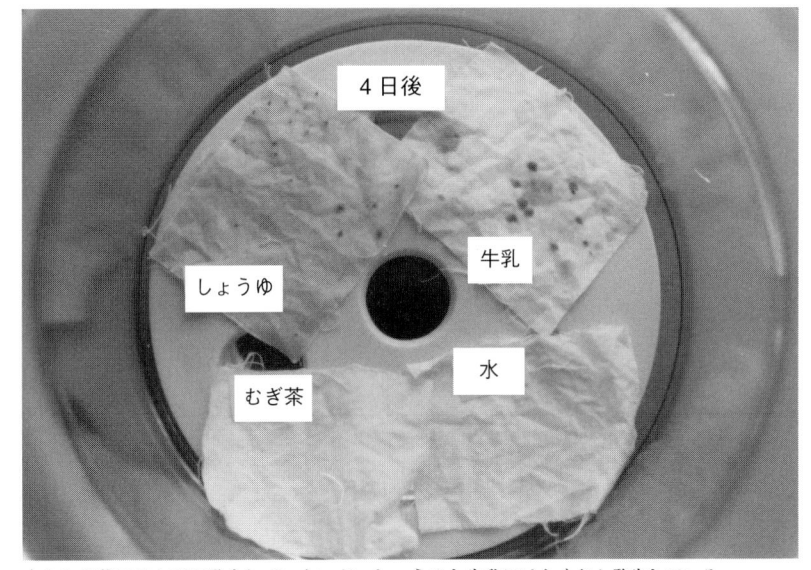

4日後／しょうゆ／牛乳／むぎ茶／水

水とむぎ茶にはかびが発生していないが，しょうゆと牛乳にはたくさん発生している。

方法2　衣服についたしみによるかびはとれるだろうか

① しみによるかびを洗剤液で洗う。
② 残っているかび汚れを，繊維に適した漂白剤で漂白する。
③ 本書 p.72「しみをとってみよう」を参照して，かび汚れの部分を，割りばしに不用布を巻いた棒に洗剤液をつけて，叩いてみよう。

関連内容 『続 図解 家庭科の実験・観察・実習指導集』「家庭にある漂白剤を考えよう」

参考　かびのとり方
・衣服についたかびは，洗剤液で洗い，次に繊維に適した漂白剤で漂白する。
・住居（壁，家具，畳，台所，浴室など）についたかびは，エチルアルコールやかびとり剤*を使って除く。
・食品についたかびは，食べると危険なので捨てる。
・冷蔵庫内はエチルアルコールで拭いて除く。
＊かびとり剤を使用後は，水でよく拭き取る。

活用　じめじめ対策を考えよう
・かびの発生要因は，高温・高湿度，栄養分の三つであるので，まず，衣服は洗濯して，清潔にして保管する。たんすや衣装ケース内には除湿剤（シリカゲル）を置く。
・住居内は，室内の湿度を高めないようにすることと，通風をよくすることである。やかんやなべで煮沸中は換気をよくすることや，洗濯物を室内に干さない（室内干しにする場合はエアコンをランドリーか冷房にする）。クローゼットや押入は，壁にすき間をつくり，すのこを敷いて風通しをよくする。室内全体は除湿器やエアコンのドライ機能でじめじめ対策を行うとよい。

生活一般・環境 ⑥

生活一般・環境《実験題材》

⑦ 身近な危険物を知ろう
乾燥剤，漂白剤，ぬめり除去剤など

　わたしたちの生活の場には薬品を使った危険なものがある。たとえば，日常的に家庭で使われている台所用や衣料用の漂白剤，トイレ用洗剤，流しや洗面所のぬめり除去剤，海苔やせんべいの袋に入っている乾燥剤などである。火がつくと溶けて大やけどをするプラスチック類や衣服も危険物である。身近にある便利なものも使用を誤ると非常に危険であることを知って安全・安心な生活をしよう。【所要時間 50 分】

ねらい
- 家庭や学校等にある次亜塩素酸ナトリウムを主成分とする漂白剤は皮膚や髪の毛などを溶解することを知る。
- 「まぜるな危険」の意味を理解する。
- 生石灰の乾燥剤は水に触れると激しく発熱することを知る。
- 火がつくと溶けたり有毒ガスを出したりするプラスチック類を知る。

指導上の位置づけ
◆日常的に便利に使っている台所用や洗濯用の漂白剤，海苔やせんべいなど食品の袋に入っている「食べられません」と表記の生石灰の乾燥剤，燃えると黒煤煙と有毒ガスを発生するプラスチック類など，わたしたちの身の回りには危険なものがたくさんあることに気づかせる。

方法 1　生石灰の乾燥剤の危険性を知る

1. 海苔やせんべいなどの袋に入っている乾燥剤（生石灰であることを確認する）を取り出し，袋の中は粒状であることを袋の外から手触りで確かめる。生石灰は直接手で触れないようにする。

2. PET 容器（キャップがオレンジ色の加温用タイプのもの）に少量（約 5mℓ）の水を入れ，乾燥剤を少量*（およそ 1g 程度）加えて軽く振って水と混ぜる。キャップはしないこと。

3. 底に手を当て，発熱していることを確かめる。

4. 消石灰を同様にして PET 容器に入れて発熱するかどうかを調べる。
    ＊量が多いと高温に発熱して危険である。

生石灰は粒状，消石灰は粉状をしている。消石灰は生石灰が十分に吸湿したもので，吸湿して乾燥する性能は失われる。

資料

生石灰の発熱を利用した商品

　生石灰は，乾燥剤のほかに，水に触れると発熱することを利用した食品がある。うどん・シュウマイ・駅弁・酒など温めて食することができる食品で，これは，生石灰と水が別々になっていて，暖めたいときにひもを引いて生石灰を水に混ぜて発熱させて蒸気を発生させて温める方法である。

材料　用具

材料 生石灰（乾燥剤），消石灰（生石灰を吸湿させたもの），次亜塩素酸ナトリウム（漂白剤）
用具 加温用PET容器，はさみ，炊事用手袋，ビーカー

留意点
- 塩素系漂白剤や生石灰を扱うときは炊事用手袋をして行う。漂白剤が手や衣服についたらすぐに水洗いする。
- 生石灰は直接手で触れない。保管に留意する。

方法2　次亜塩素酸ナトリウムの漂白剤の危険性を知る

[1] 台所用漂白剤（次亜塩素酸ナトリウムを主成分とするもの）をPET容器またはビーカーに少量（約20ml）入れ，髪の毛を1〜2本入れて約10〜30分放置して，溶解*することを確かめる。

[2] 漂白剤の容器に表示の「まぜるな危険」の意味を調べる。

*室温や液温によって溶解するまでの時間が異なり，温度が低いと30分以上かかる。

資料

まぜるな危険

塩素を含む液体（漂白剤，ぬめり除去剤など）が酸（トイレ用洗剤の塩酸，台所で使用するくえん酸や食酢など）やアルカリと反応して有毒な塩素ガスや塩化水素ガスを発生する。このガスを吸引すると非常に危険であることを警告した表示である。

「まぜるな危険」は，酸やアルカリ液と混ぜて使用しないことを示す。

参考

生石灰と消石灰の違い　運動場の白線引きは消石灰から炭酸カルシウムへ

生石灰と消石灰は「石灰」とか「いしばい」といい，次のような違いがある。

生石灰は酸化カルシウム（CaO）のことで，炭酸カルシウム（$CaCO_3$）を主成分とする石灰岩（石灰石）を焼いてつくる。生石灰は吸湿したり，水に触れたりすると急激に発熱して，水酸化カルシウム（$Ca(OH)_2$）に変化する。

$$CaCO_3 \xrightarrow{焼成} CaO + CO_2 \qquad CaO + H_2O \xrightarrow{発熱} Ca(OH)_2$$

水酸化カルシウムは，吸湿したり水に触れても発熱したりすることはなく，乾燥させる性能もないので，消石灰といっている。学校の運動場の線引きや畑の土の中和剤として用いている。同じ石灰でも，生石灰は粒状，消石灰は粉状なので区別できる。

最近，運動会の線引き中などに消石灰が子どもの目に入って目を傷めるという事故が発生していることから，文部科学省は価格は高いが，微粒状で消石灰（強アルカリ性）よりアルカリ性が弱く安全性の高い炭酸カルシウムに代えるように全国の教育委員会に通知した。

プラスチック類の危険性

『続 図解 家庭科の実験・観察・実習指導集』の「危険なラップやパックを見分ける」と本書の「プラスチック類を分別しよう」（p.40）を参考にして，プラスチック類の危険性を知ることができる。

プラスチック類の中で，燃えると有毒なガスを発生するものは，主にハロゲン化合物（ふっ素，塩素，臭素，よう素の化合物）の塩素を使ったポリ塩化ビニルとポリ塩化ビニリデンである。

生活一般・環境⑦

生活一般・環境《実験題材》

⑧ 体脂肪率から食生活を考えてみよう

　健康の維持・増進は誰もが望むところであり，生涯にわたって活動的で充実した生活を送れるような食生活への関心は高い。今日の日本は食糧が充実し，栄養素の不足よりもむしろ栄養素の偏りや過剰摂取，運動不足などによる疾病の発症が大きな問題となっている。さらに価値観が多様な社会となり，個人のライフスタイルは一様ではない。健康に食生活を営むよう育てるには，個人の価値観にも踏み込み，問題意識を高める必要もあるだろう。

　特に内臓脂肪型肥満は，糖尿病，脂質異常症（高脂血症），高血圧，虚血性心疾患などを起こしやすいとされるが，体脂肪量の厳密な測定には困難が伴うため，BMI（体格指数）など簡易的な診断法が広く一般に使われてきた。近年，体脂肪計（体組成計）が一般にも普及し始め，「体脂肪率」は身近なものになってきている。

　体脂肪率を測定し，BMI等との関連で食生活の現状について考えさせてから，健康的に食生活を営むための学習に対する意欲につなげる。

【所要時間2時間】

ねらい
・体脂肪率の簡易測定により食生活を見直す。
・食生活の現状に対する問題意識を持たせる。

指導上の位置づけ
◆食生活と健康に関する学習の導入時に行い，健康な食生活経営に関する学習への意欲につなげる。

1　方法

1 体脂肪率の測定
①体組成計で体脂肪を測定する。
②測定に使用した体組成計の体脂肪判定基準により，体脂肪率を判定する。

2 体格指数（Body Mass Index　BMI）の算出
　　BMI＝体重（kg）÷｛身長（m）×身長（m）｝

3 日常の平均的な食生活，生活活動，運動量の見直し
①生活活動記録表に平均的な学校生活の1日と平均的な休日の1日にどのように体を動かしたか記録する。
②食事記録表に平均的な学校生活の1日と平均的な休日の1日の食事内容の概要を記録する。

　食事記録は，食べたものの献立名や商品名とその材料をわかる範囲で記入させ，6つの基礎食品群に分類し，あてはまる食品群の欄に○を記入する。塩分摂取にかかわる調味料等は「その他」の欄に記入する。

　4つの食品群に分類させる場合は，右ページ掲載ワークシートの5群，6群の欄を調理済み食品や外食，中食，嗜好品等の記録欄とすることも考えられる。

参考　体脂肪の目安の例
市販されている体脂肪計はメーカー，機種により体脂肪率，判定の目安が異なることがあり，計測時間帯により体脂肪率が変動することもある。

	判定		低い	適正	やや高い	高い
「オムロン」例	男性		15%未満	15%〜20%未満	20%〜25%未満	25%以上
	女性		20%未満	20%〜25%未満	25%〜30%未満	30%以上
	年代別	男性	30歳未満　14%〜20%	標準	25%以上	肥満
			30歳以上　17%〜23%		25%以上	
		女性	30歳未満　17%〜24%	標準	30%以上	肥満
			30歳以上　20%〜27%		30%以上	

46

材料 用具
用具 体組成計

留意点
- 使用する体組成計等によっては，体脂肪率を測定できても，17歳以下では体脂肪率判定ができない場合もある。正しい測定方法をとっていない，食事や起床のすぐ後やあまり体を動かしていない等の場合は正常に測定できない。
- 食生活を健康的に営むには，食事だけでなく，運動や休養等，生活全体がかかわることを理解させる。
- 簡易の消費カロリー表示機能がついた歩数計によっても，生活活動とエネルギー消費の関係を実習することができる。一斉に同一距離を走っても，個々に消費エネルギー量が異なることが消費カロリーの表示からわかり，個人レベルでの問題意識も高めやすい。

4 健康と食生活との関係について考えたことのまとめ
① 体脂肪率とその判定，体格指数（BMI），生活活動と運動の記録，食事記録をもとに，食生活の現状について考える。
② 食生活の問題点等，考えたことをまとめる。

2 ワークシート

体脂肪率：　　　％　　　　　　体脂肪率の判定：
測定前の生活活動：

体格指数（BMI）＝体重（　　　kg）÷｛身長（　　　m）×身長（　　　m）｝

食事記録表（　）月（　）日（5・6群の欄は4群で記入する場合は，調理済み食品・外食・中食，嗜好品等をチェックする）

食べた献立や食品名	材料中の食品名	1群	2群	3群	4群	5群	6群	その他

体を動かした記録表

5am	6	7	8	9	10	11	12	1pm	2	3	4	5	6	7	8	9	10	11	12	1am	2	3	4

体脂肪率と判定，体格指数（BMI），生活活動と運動の記録，食事記録をもとに，食生活の現状について考えたこと

参考

「タニタ」例

		判定	やせ	－標準	＋標準	軽肥満	肥満
男性	18～39歳		11％未満	11％～17％未満	17％～22％未満	22％～27％未満	27％以上
	40～59歳		12％未満	12％～18％未満	18％～23％未満	23％～28％未満	28％以上
	60歳以上		14％未満	14％～20％未満	20％～25％未満	25％～30％未満	30％以上
女性	18～39歳		21％未満	21％～28％未満	28％～35％未満	35％～40％未満	40％以上
	40～59歳		22％未満	22％～29％未満	29％～36％未満	36％～41％未満	41％以上
	60歳以上		23％未満	23％～30％未満	30％～37％未満	37％～42％未満	42％以上

生活一般・環境 ⑧

生活一般・環境《実習題材》

❾ 伝統的な工芸品を知ろう
衣生活を中心として

わが国には江戸時代やそれ以前に生まれたすばらしい技術・技法が今日まで伝えられている。世界にも古代や近世に生まれた染織技術や技法が今日まで伝えられている。ここでは，日本の各地に残っている織物や染色などの技術・技法について調べてみよう。

【所要時間1時間】

ねらい
・日本の伝統的な工芸品について，衣生活にかかわることを中心とした技術・技法について知る。
・伝統的な技術・技法が当時の人びとの生活に密接にかかわっていたことを理解する。

指導上の位置づけ
◆伝統的な技術・技法は，それぞれの時代の生活の要請に応えることで現代にまで伝えられたことを知り，現代の生活の中でどのように生かされているか考えさせたい。

1 伝統工芸品と伝統的工芸品

各地に古くから伝えられた工芸品の中で，特に「伝統的工芸品産業の振興に関する法律（1974年公布，1992年改正。略称伝産法）の条件を満たすものとして認定されたものを「伝統的工芸品」（正確には経済産業大臣指定伝統的工芸品）と区別して呼び，「指定された工芸品の特徴にかかわる原材料や技術・技法の主要な部分が，100年以上の歴史をもって継承されていて，さらにその特徴を維持しながらも，産業環境や時代の需要に適するような製品づくりがされている工芸品」をいう。伝統的工芸品に指定されたものには「伝統マーク」がついている。

1 伝統的工芸品指定要件
①主として日常生活に供された工芸品である。ただし，伝統的工芸品に必要な材料や用具を含む。
②製造工程の主要部分が手工業である。
③伝統的な技術・技法によって製造している。
④伝統的に使用してきた材料を用いている。ただし，入手不可能なものは代替品や輸入品でもよい。
⑤生産地域で少なくない者が製造にたずさわっている。具体的には10企業以上または30人以上が従事していること。ただし，この条件に満たない場合は小規模産地工芸品として区分する。

2 伝統的な工芸品の種類と品目数（2005年度，うち太字・斜体の数字は指定伝統的工芸品，2007年3月9日現在）

①織物（96, *33*）
②染色品（46, *11*）
③ひも，糸，刺繍他（32, *4*）
④陶磁器，瓦（131, *31*）
⑤漆器（50, *23*）
⑥木工品（174, *28*）
⑦竹工品（81, ）
⑧金工品（81, *13*）
⑨仏壇，仏具（30, *16*）
⑩和紙（57, *9*）
⑪文具（筆，墨，硯，そろばん）（30, *9*）
⑫石工品，甲骨皮製品（35, *6*）
⑬郷土玩具，人形（197, *8*）
⑭扇子，団扇，和傘，提灯（38, ）
⑮和楽器，神祇調度，慶弔用品（69, *16*）
⑯その他の工芸品（104, ）
⑰工芸用具・材料（24, *3*）

3 伝統マーク

上表は指定伝統的工芸品（210品目，2007年3月9日現在），小規模産地工芸品，都府県・政令指定都市指定伝統的工芸品を含んだ数値で総計1,275品目である。うち，1品目2地域の品目が6，2品目1地域の品目が20ある。

2 課題

1. 日本地図に伝統的な染織産地を記入してなぜこのような産地が生まれたかを考えよう。
2. 日本の有名な伝統的な柄を渋紙で型をつくって，藍のたたき染めや豆乳染めで染めてみよう。
3. 裂織（さきおり），紬（つむぎ），絣（かすり），縮（ちぢみ），上布（じょうふ），緞通（だんつう），ミンサー，友禅（ゆうぜん），刺し子（さしこ）などはどのような工芸品か調べよう。

● 資料 ● 日本の伝統的工芸品の染織（太字は指定伝統的工芸品）

★織物

- 北海道：アイヌ工芸（編み物・織物）
- 青森県：南部裂織，津軽裂織
- 岩手県：南部千厩紬，ホームスパン，裂き織，亀甲織
- 宮城県：仙台平，若柳地織
- 山形県：置賜紬，新庄亀綾織，羽越しな布，青苧織り
- 福島県：会津木綿，会津郷からむし織
- 茨城県：**結城紬**，いしげ結城紬
- 栃木県：**結城紬**，行庵手織，解し織，真岡木綿
- 群馬県：**伊勢崎絣**，**桐生織**，中野絣
- 埼玉県：武州正藍染，飯能大島紬，本庄織物，秩父銘仙
- 千葉県：銚子ちぢみ，唐棧織
- 東京都：**村山大島紬**，**本場黄八丈**，多摩織
- 新潟県：**小千谷紬**，**小千谷縮**，**塩沢紬**，**本塩沢**，**十日町絣**，**十日町明石ちぢみ**，羽越しな布，栃尾紬，裂織り
- 長野県：信州紬
- 山梨県：甲州大石紬織物
- 静岡県：掛川手織葛布，ざざんざ織
- 石川県：**牛首紬**，能登上布
- 岐阜県：郡上紬，裏木曾夕森紬
- 三重県：伊勢木綿，市木木綿，松阪木綿
- 滋賀県：近江上布，ビロード，綴錦，網織紬，秦荘紬，正藍染，近江木綿
- 京都府：**西陣織**，縫取ちりめん，丹後藤布
- 大阪府：堺手織緞通
- 兵庫県：丹波布，丹波木綿，播州山崎藍染織
- 奈良県：奈良晒
- 鳥取県：弓浜絣，倉吉絣，綾綴絣
- 島根県：広瀬絣，安来織，出雲織，出西織
- 岡山県：烏城紬，手織作州絣
- 広島県：備後絣
- 徳島県：**阿波正藍しじら織**
- 香川県：保多織
- 愛媛県：伊予かすり
- 福岡県：**博多織**，久留米絣，鍋島緞通
- 佐賀県：鍋島緞通
- 大分県：箭山紬
- 宮崎県：**本場大島紬**，宮崎手紬，さつま絣
- 鹿児島県：**本場大島紬**，奄美の芭蕉布
- 沖縄県：**久米島紬**，**読谷山花織**，**読谷山ミンサー**，**宮古上布**，**琉球絣**，**首里織**，**喜如嘉の芭蕉布**，**八重山上布**，**八重山ミンサー**，**与那国織**

★染色品

- 岩手県：紫根染，南部古代型染
- 秋田県：浅舞絞り
- 福島県：江戸小紋
- 茨城県：万祝・大漁旗，きぬのそめ
- 栃木県：益子草木染，黒羽藍染，草木染，宮染め
- 群馬県：高崎手捺染，桐生手描き紋章上絵
- 埼玉県：熊谷染，草加本染ゆかた，秩父ほぐし捺染
- 千葉県：下総染，萬祝式大漁旗，万祝染
- 東京都：**東京染小紋**，**東京手描友禅**，東京本染ゆかた，江戸更紗，東京無地染
- 長野県：信州手描友禅
- 静岡県：駿河和染，浜松注染そめ
- 石川県：**加賀友禅**
- 岐阜県：郡上本染
- 愛知県：**有松・鳴海絞**，名古屋友禅，名古屋黒紋付染
- 福井県：越前紋章上絵
- 滋賀県：本藍染
- 京都府：**京友禅**，**京小紋**，**京鹿の子絞**，**京黒紋付染**
- 大阪府：浪華本染めゆかた
- 兵庫県：しらさぎ染
- 奈良県：笠間藍染
- 島根県：大山友禅染，筒描藍染
- 徳島県：**阿波正藍染法**
- 香川県：讃岐のり染
- 鹿児島県：大漁旗
- 沖縄県：**琉球びんがた**

★ひも，糸，刺繍，その他の繊維製品

- 青森県：こぎん刺し，南部菱刺し
- 秋田県：刺し子
- 茨城県：結城まゆ工芸，美術組ひも
- 栃木県：間々田紐
- 埼玉県：行田足袋
- 東京都：**東京くみひも**，**江戸刺繍**
- 石川県：加賀繍
- 岐阜県：美濃白川まゆの花，飛騨さしこ
- 愛知県：履物鼻緒
- 三重県：**伊賀くみひも**
- 滋賀県：大津くみひも，手織真田紐，彦根繍，鼻緒，近江刺繍
- 京都府：**京繍**，**京くみひも**，京房撚紐，京袋物，京真田紐，京足袋
- 徳島県：徳島足袋
- 香川県：金糸銀糸装飾刺繍
- 愛媛県：太鼓台刺繍飾り幕
- 佐賀県：佐賀錦，鹿島錦
- 宮崎県：大漁旗
- 鹿児島県：甑島芙蓉布

注）以下の品目は同一の品目が2地域の県にまたがって生産されている。
・羽越しな布（山形県，新潟県）
・結城紬（茨城県，栃木県）
・鍋島緞通（福岡県，佐賀県）
・本場大島紬（宮崎県，鹿児島県）

生活一般・環境《実習題材》

⑩ 結び方でどう違う？
結びの基本を知ろう

　「結び」は人類にとって火の使用と同じくらい古くに登場したと言われ，人類の生存と生活を支えた技術の一つである。現在，世界には4000種以上の「結び」があるとされる。身近な生活の中の「結び」を確認し，いろいろな結び方を実習することで，簡単な技法でも工夫次第でさまざまな活用が可能であることを実感する。

【所要時間1時間】

ねらい
- 身近な「結び」を観察することで，簡単な技術が工夫次第で多様に活用されていることを知る。
- 基礎的な「結び」の技術を身につけ，実際のさまざまな場面で活用できるようになる。

指導上の位置づけ
- 「結び」の実習を風呂敷の活用と結びつけ，機能が限定された現代の多くの容器・包装を減らすための有効な手段になることに気づかせるとよい。
- 伝統的な技術が生活の中で柔軟に活用されてきたことを知る。

---

1 確かめてみよう ― 生活の中に見るいろいろな「結び」

「結び」はその用途によって，「作業用」「装飾用」「知識用」の大きく3つに分けられる。

作業用の「結び」	装飾用の「結び」	知識用の「結び」
農耕，漁労，船舶の艤装(ぎそう)	服飾，武具，家具，調度品，礼法俗信，神仏の荘厳具を飾る	記憶・記録の手段として言葉や数字を表す記号

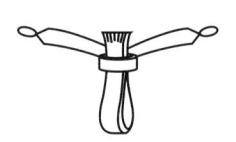

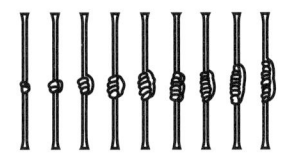

「結び」は世界各地の生産様式と生活様式を基盤としながら，それらが変遷し蓄積するなかで形成されてきた文化の一つである

例) 靴ひもを結ぶ，スカーフやネクタイを結ぶ，帯を結ぶ，帯締めを結ぶ，帯揚げを結ぶ，羽織のひもを結ぶ，
　　おみくじを結ぶ，リボンを結ぶ，おんぶひもを結ぶ，三角巾を結ぶ，荷物をひもで結ぶ，新聞をひもで結ぶ，
　　料理の「結び」（結び昆布，昆布巻き，手綱こんにゃく），ブロック肉をタコ糸で結ぶ，
　　水引（お正月行事，お祝いごと，お悔やみごとなど：淡路結び・両輪結び・結び切り）

資料

名詞や動詞に使われている糸偏の漢字（糸偏の漢字は全部で878字あると言われる）

糸	紐	縫	織	編	結	綾	紙	紡	績	網	綱	縄	紬	線	絨	縞	綿	絹	繭	絣	織	維	纏	綜	縁
組	細	縮	緒	絆	縦	緯	経	練	続	絶	終	級	給	紀	素	純	納	紹	約	継	紗	繰	統	締	縛
緩	緊	累	索	繹	綴	緻	絡	紅	緑	紺	紋	紳	絵	綸	綺	紛	絞	緋	絢	絃	紆	綻	綬	級	給
紀	素	純	納	紹	約	継	紗	繰	統	締	縛	緩	緊	累	索	繹	綴	緻	絡	紅	緑	紺	紋	紳	絵
綸	綺	紛	絞	緋	絢	絃	紆	綬																	

　糸偏の漢字をみると，衣服や衣生活に関する漢字のみならず，「結」「縁」「緒」「絆」「組」等人間関係の結びつきに関係する漢字が多く存在していることに気がつく。例えば，人と人の「結」びつき，「縁」がある，赤ちゃんとお母さんをつなぐへその「緒」，親子の「絆」，社会の「組織」など。今も昔も，人間は一人で生きていくことができない。厳しい自然に向き合いながら，社会をつくりあげていく過程で，人間は縦横無尽に自然・人間・社会とさまざまな関係を結び合ってきた。「つつむ」ことが，なにかを「まもる」「保護する」「あたためる」ことならば，「結ぶ」ことは，なにかとなにかを「まとめる」「一つになる」「つなぐ」ことと言える。よりよく結び合いたい，より強固に結び合いたい等，「結びつき」に願いや祈りを込めて「結び方」が発展し，今日では，実用性や装飾性にウェイトをおいた結び方から，様式美としての結び方など多様な「結び」がみられる。

材料　用具

材料 バンダナ（50cm×50cm）　1枚

2 実習してみよう-1枚のバンダナを使って，いろいろ結んでみよう

1 「ひとつ結び」をしてみよう

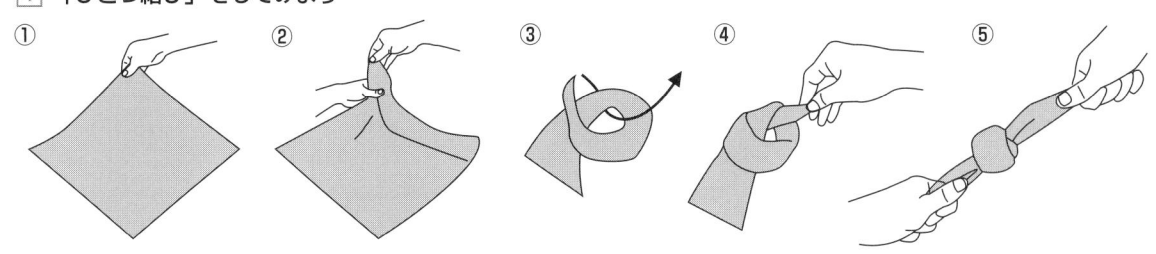

① ② ③ ④ ⑤

● 「ひとつ結び」4つで，帽子ができる

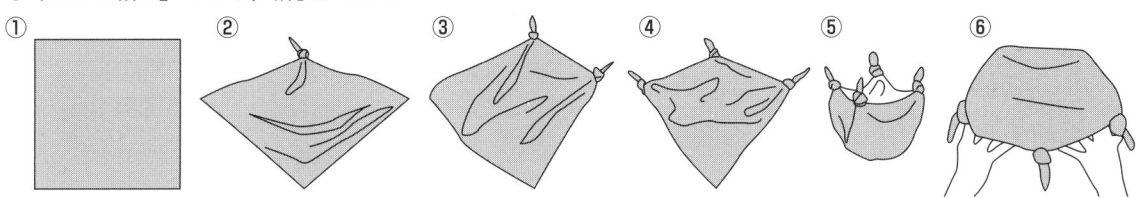

① ② ③ ④ ⑤ ⑥

2 「ま結び」をしてみよう

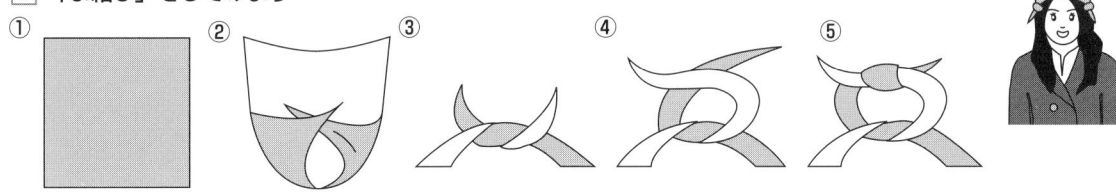

① ② ③ ④ ⑤

⑥

● 「ま結び」2つで，ティッシュケースカバーができる

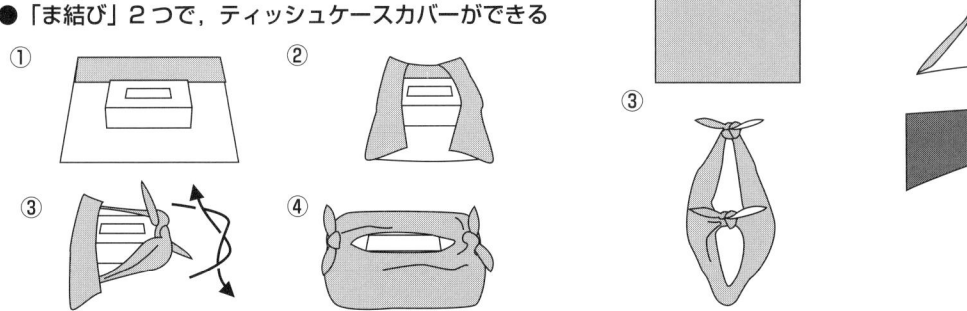

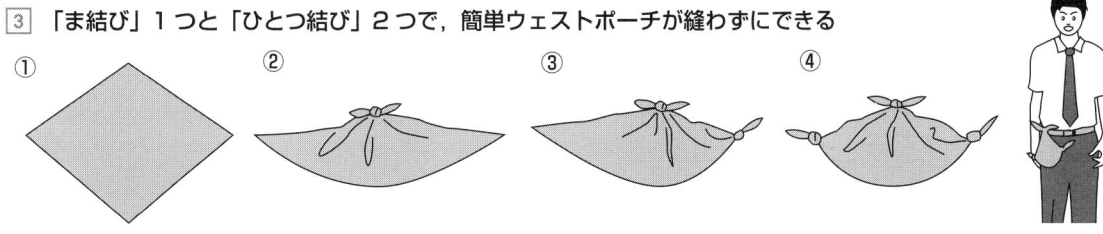

① ② ③ ④

● 「ま結び」2つで，袋ができる

① ② ③

3 「ま結び」1つと「ひとつ結び」2つで，簡単ウェストポーチが縫わずにできる

① ② ③ ④

生活一般・環境⑩

生活一般・環境《実習題材》

⑪ 風呂敷の活用

風呂敷はすてきなエコバッグ

スーパーマーケットやコンビニエンスストアでもらうレジ袋を1年で一人約300枚使うという試算もあり、レジ袋1枚に原油18mlが必要で、日本の原油輸入量のほぼ1日分（60万トン）が毎年レジ袋になる。一人ひとりが買い物袋持参という小さな努力を重ねることで、資源の節約やごみの減量、二酸化炭素（CO_2）削減など地球環境の改善に大きな期待ができる。そこで、レジ袋に代わる、繰り返し使え環境にやさしい風呂敷の活用について考える。

【所要時間 1時間】

ねらい
- 風呂敷とレジ袋の歴史・長所・短所・環境負荷などの違いを考える。
- 風呂敷は、物の形や大きさに応じた使い方ができ、包む、運ぶ、守るなど、様々な機能を持つとともに、繰り返し使えることを認識する。

指導上の位置づけ
- 「消費生活と環境」「消費行動と環境」における問題点と課題の一つの題材として扱う。
- 風呂敷の活用を通して環境負荷の少ない生活の工夫を考えさせるとともに、日本の文化・伝統にも気づかせる。

1 毎日の風呂敷

1 お買い物包み　簡単で容量も大きい
（90cm幅、綿100%の風呂敷を使用）

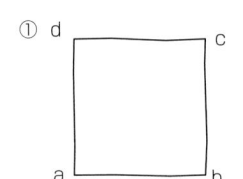

①風呂敷を広げ、aとbを真結びする。結び目は少しあけておく。
②cとdを同じように真結びする。二つの結び目を持ち手にして、袋物として使う。

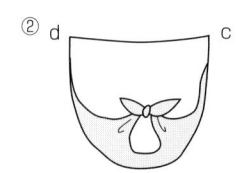

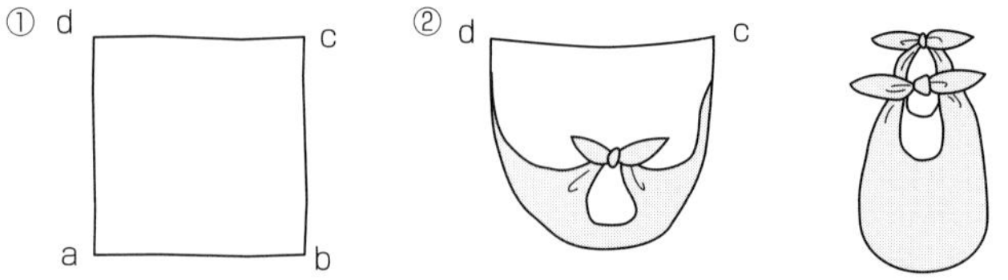

2 すいか包み　すべりやすい「すいか」が安定
（90cm幅、綿100%の風呂敷を使用）

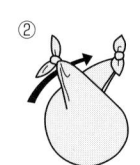

①お買い物包みの中にすいかを入れる（すいかの代わりにボールで練習する）。
②片方の結び目にもう一つの結び目を通す。

3 お使い包み　ごあいさつに心をこめて
（お使い包み、かくし包みともに風呂敷の大きさや素材は、包むものにより適宜使用）

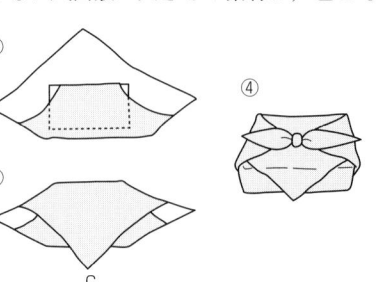

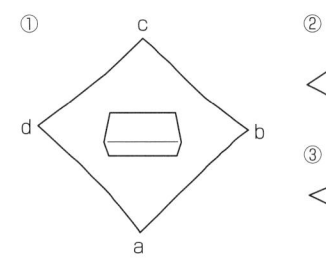

①中央に箱を置く。
②aをかぶせて、箱をくるむ。
③cを箱の上にかぶせる。
④bとdを箱の真上で真結びする。

b側とd側の布を少しつまみ、角を整える。

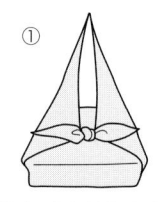

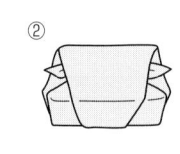

4 かくし包み　包みの結び目はしっかりと

①完成させたお使い包みのcを抜く。
②結び目にcをかぶせ、箱をくるむ。

材料 用具

材料 風呂敷（サイズ・素材など，包むものに応じて適宜準備する）

用具 箱，弁当箱，ボール，教科書，びん（包むものをあらかじめ考えさせ，準備させてもよい）

留意点

- 風呂敷の素材・サイズ・色・柄など，用途に応じて利用する。
- 風呂敷は，一寸（約3cm）ほど上下が長い。一方が長いと斜めに引き合う力が生まれ，伸縮作用がはたらき，使いやすくなる。風呂敷は，ミシン目が上下，ミミの部分は左右になる。近年，四辺にミシンをかけた風呂敷もある。
- 「結び方」「包み方」について，生徒各自が練習したり，創作したものを発表させてもよい。

参考

エコラッピング
風呂敷は，使い捨ての包装材をなくすギフトラッピングとしても活用できる。
布がもつぬくもりとともに贈る心も一緒に包み込む。

風呂敷は風呂で敷いた布
脱いだ衣服を間違えないよう，家紋入りのふくさに衣服を包み，湯上がりにはこのふくさの上で身繕いしたのが，風呂と布とのかかわりの始まりと言われる。

---

5 バスケット包み　持ち手の長さが調節可能
（幅90cmまたは105cm，綿100％の風呂敷を使用）

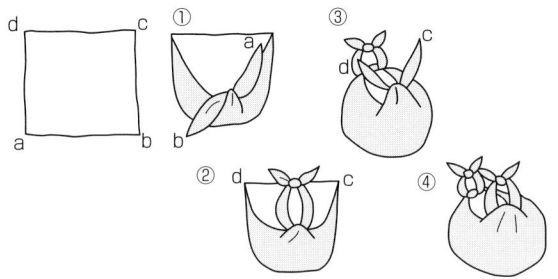

① aとbを結ぶ。
② aとbで輪をつくり，先端で真結びする。
③ cとdを1回結ぶ。
④ cとdで輪をつくり，先端で真結びする。

6 手提げランチ包み　ひと工夫で楽しいランチタイム
（50cm幅，綿100％の風呂敷を使用）

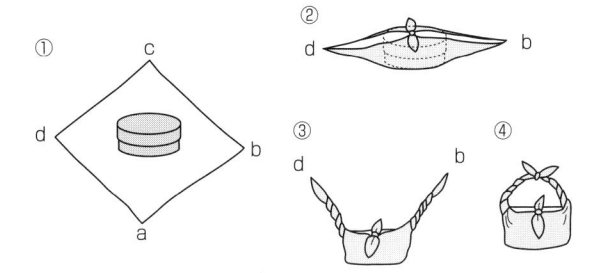

① 中央に弁当箱を置く。
② aとcを真結びする。
③ bとdをもち，ねじる。
④ bとdの先端で真結びし，持ち手をつくる。

7 巻き包み　粋な仕上がり
（105cm幅，綿100％の風呂敷を使用）

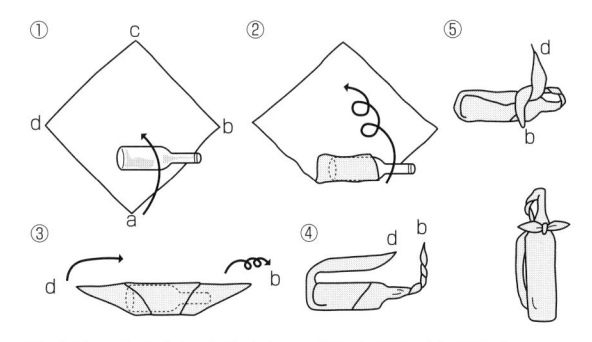

① 手前の中央よりやや右に，びんを寝かせて置く。
② aをびんに掛け，くるくる巻く。
③ 巻き終わったら，bをねじっておく。
④ dをびんの上部に寄せる。
⑤ bとdをびんのくぼみのあたりで交差させ，前で真結びする。

8 ブック包み　創意に満ちた通学鞄
（68cm幅，素材は適宜）

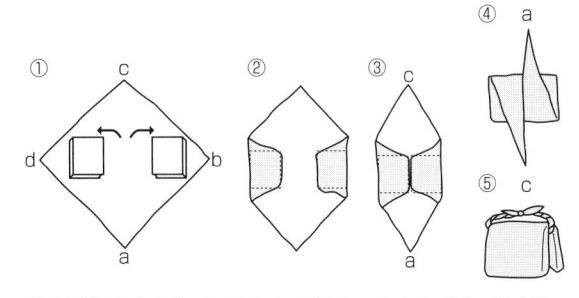

① 風呂敷の中央に2冊の本を置き，左右に振り分ける。
② bとdで本をくるむ。
③ さらに内側に巻く。
④ aを上に，cを下に交差させる。
⑤ aとcを持ち，本を立てる。aとcをねじって先端で真結びする。

生活一般・環境《実験題材》

12 身近な天然素材でアンモニア臭を除去しよう
レモンの皮でアンモニア臭を消してみよう

わたしたちはより快適に生活するため、さまざまな市販の消臭剤を利用するようになった。しかし、それは環境に負担をかけることにつながってはいないだろうか？ ここでは、身の回りにあり、安全で安心できるレモンなどの天然素材を使って、アンモニアの臭いを消すことに挑戦してみよう。

【所要時間 1～4時間】

関連内容　『続 図解 家庭科の実験・観察・実習指導集』「室内汚染を調べよう」

ねらい
・アンモニア臭は身近な天然素材で消臭できることを知る。
・酸とアルカリの反応を理解する。
・人間の嗅覚のしくみと性質を理解する。

指導上の位置づけ
◆身近なものによる消臭を通して環境問題や生活習慣などを幅広い視野で考えられるようにする。

実験1　検知管法でアンモニア臭を調べてみよう

①密閉性の高い、大きめのプラスチック容器のふたに孔を2か所開けて、吸引活栓と外気吸引活栓を取り付け、周囲を接着剤で固定する。吸引活栓のコックは閉めておく。

②プラスチック容器内の外気吸引活栓にポリ袋を取り付け、ビニールひもなどで強く縛り、固定する。これは吸引活栓から容器内のガスを採取したとき、採取された分の空気を外気吸引活栓から取り込むためである。

③試料（天然素材）2gと試薬（10％濃度のアンモニア水溶液を蒸発皿に0.05mℓ滴下したもの）を用意し、②の容器内に③の試料を置く。直ちにふたをして密閉し、3時間放置する。0.05mℓは注射器で5滴、スポイトで2滴である。

④3時間後、容器内のアンモニア濃度を測定する。測定方法は、まず、検知管の両端を折り切り、この一端をゴム栓を装着した吸引活栓に差し込む。さらに、気体採取器に検知管のもう一端を装着する。検知管の装着方向に注意する。
　気体採取器のハンドルを引き上げ、容器内のガスを100mℓ吸引し、一定時間固定する。固定時間はアンモニア検知管の使用方法に従う。一定時間後、検知管の着色層の長さを調べ、アンモニア濃度（ppm）を読み取る。

上：吸引活栓を取り付けたプラスチックの容器
中：試料とアンモニア水溶液を入れたプラスチック容器の内部
左：検知管による測定

〔実験1〕

材料・用具
材料 天然素材2g（レモン，ライム，青梅，りんご，いたどり，すいばなど），10％アンモニア水溶液0.05㎖
用具 密閉性の高いプラスチック容器，吸引活栓，ポリ袋，ビニールひも，気体採取器，アンモニア検知管，蒸発皿，注射器またはスポイト

留意点
- 実験は環境の温湿度に影響されやすいため，温度20℃以上，湿度60％以下の条件で行うことが望ましい。
- 試料が入っているものと入っていないものを同時に実験し，比較する。
- 天然素材は入手できる期間が限られていることがあるので注意する。
- 強い臭気を発するものがあるため，換気に注意する。

〔実験2〕

材料・用具
材料 0.5％アンモニア水溶液，10％くえん酸水溶液，レモンの果皮（2g程度）
用具 ティッシュペーパー，スプレー容器

留意点
- 強い臭気を発するため，換気に注意する。
- 鼻の感覚は慣れによって低下しやすいため，少ない試料で行う。
- 個人差が大きい。

実験2　簡便法でアンモニア臭を消臭できるかどうかを調べよう

A，B，Cの液体をそれぞれスプレー容器に入れる。
　A：0.5％アンモニア水溶液
　B：10％くえん酸水溶液
　C：水

1 アンモニア臭はどんな臭いか知ろう

①折りたたんだティッシュペーパーにAをスプレーで散布したものと，Cを散布したものを用意する。手にアンモニアがかからないよう，ビニール手袋をするか，注意して散布する。

②5秒後，①で用意した2種類のティッシュペーパーの臭いを鼻でかぐ。アンモニア臭は刺激が強いため，大量の臭いを一度にかがないよう注意する。鼻の感覚は麻痺しやすいため，Cを散布したものから臭いをかぐとよい。

③アンモニア臭の程度を記録する。

2 レモンの皮やくえん酸水溶液のアンモニア消臭を調べる

①カッターナイフで平面状に切ったレモンの皮にAをスプレーで霧状に散布する。

②5秒後，鼻で臭いをかぎ，アンモニア臭の程度を記入する。

③折りたたんだティッシュペーパーにAをスプレーしたものを二つ用意する。

④③で用意したティッシュペーパーの一方に，Bをスプレーする。

⑤5秒後，2種類のティッシュペーパーの臭いを比較し，アンモニア臭の程度を記入する。

アンモニア臭の程度記録用紙

感じない｜非常に弱く感じる｜弱く感じる｜はっきり感じる｜強く感じる｜非常に強く感じる

果実の酸（酸を多く含むものほどアンモニア消臭性がある）

果実	果実酸（％）	果実	果実酸（％）
レモン	6〜7	グレープフルーツ	約1
梅	4〜5	パイナップル	0.6〜1.0
キウイフルーツ	1〜2	ぶどう	約0.6
温州みかん	0.8〜1.2	りんご	0.2〜0.7

（伊藤三郎『果実の化学』朝倉書店，1991より）

生活一般・環境《実験題材》

⑬ 室内の悪臭の元を探し，消臭を考えよう
シックハウス対策をしよう

　生活の中にはいろいろなにおいがある。においは，香水の香りや食べ物のにおいなど，豊かな生活文化を築く反面，さまざまな悪臭が問題を生じさせることもある。特に，建材などに含まれる化学物質が引き起こすシックハウス症候群やシックスクール症候群は呼吸障害や皮膚障害を引き起こすため，深刻な問題となっている。ここでは，シックハウス症候群やシックスクール症候群の原因物質の一つとして考えられているホルムアルデヒドなどの消臭について考えてみる。

【所要時間 1〜4時間】

関連内容　『続 図解 家庭科の実験・観察・実習指導集』「室内汚染を調べよう」

ねらい
- ホルムアルデヒドやアセトアルデヒドの消臭方法を考える。
- においは目に見えないことが多いが，その原因物質により健康を害する場合があることを知る。
- 悪臭はさまざまな原因物質から成り立つことを知る。

指導上の位置づけ
◆消臭を通して，健康や住居の問題について考えられるようにする。

1　検知管法でホルムアルデヒドとアセトアルデヒドの消臭性を調べてみよう

　方法は，『続 図解 家庭科の実験・観察・実習指導集』「室内汚染を調べよう」及び本書「⑫身近な天然素材でアンモニア臭を除去しよう」（p.54）を参照。

天然素材によるホルムアルデヒドの消臭性

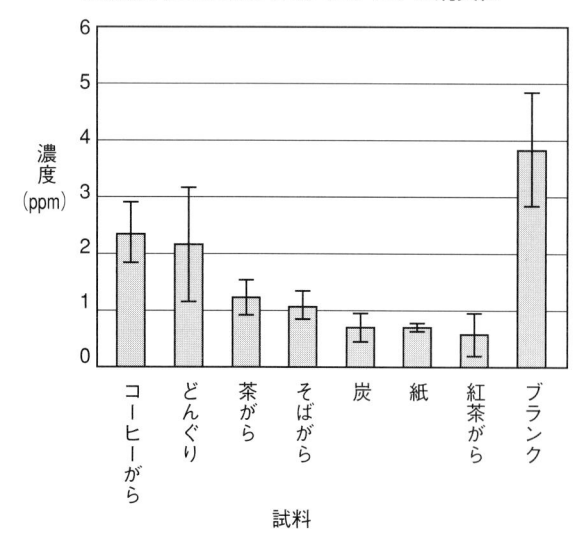

布によるホルムアルデヒドの消臭性

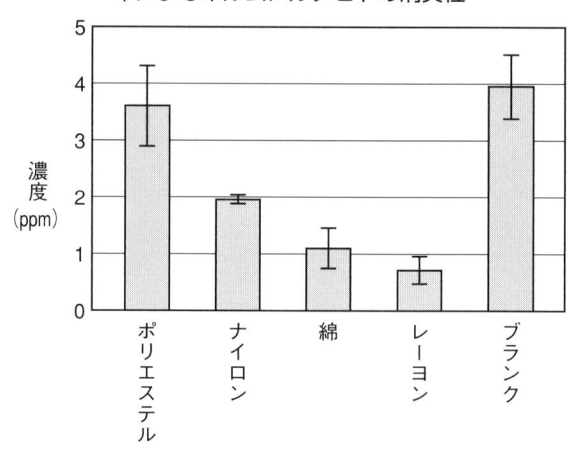

各繊維の水分率（%）	
レーヨン	12〜14
綿	7
ナイロン	3.5〜5.0
ポリエステル	0.4〜0.5
（20℃，65% RH のとき）	

材料・用具

材料 試料2g（シリカゲル，紙，紅茶がら，炭，レーヨン白布，綿白布，そばがらなど），2％ホルムアルデヒド溶液

用具 密閉性の高いプラスチック容器，吸引活栓，ポリ袋，ビニールひも，気体採取器，ホルムアルデヒド検知管，蒸発皿，注射器またはスポイト

留意点

- 実験環境の温湿度に影響されやすいため，温度20℃以上，湿度60％以下の条件で行うことが望ましい。
- 換気に十分注意する。
- 臭気を深く吸い込まない。
- 試料には水分率が高いものや吸湿性の大きいものと，そうでないものを用意するとよい。

シリカゲルの量とホルムアルデヒドの消臭効果の変化

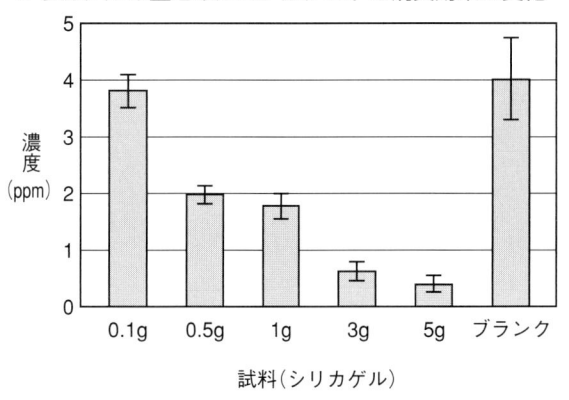

縦軸：濃度（ppm）、横軸：試料（シリカゲル）0.1g, 0.5g, 1g, 3g, 5g, ブランク

紙の量とホルムアルデヒドの消臭効果の変化

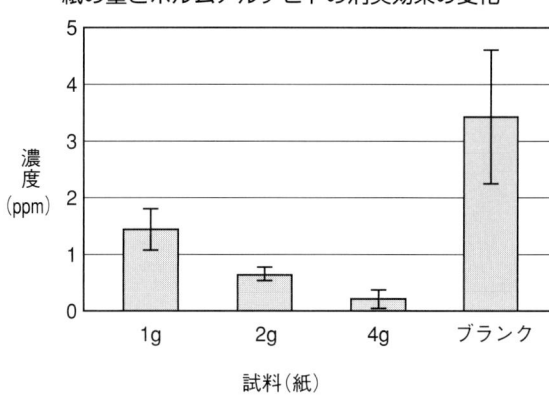

縦軸：濃度（ppm）、横軸：試料（紙）1g, 2g, 4g, ブランク

天然素材によるアセトアルデヒドの消臭性

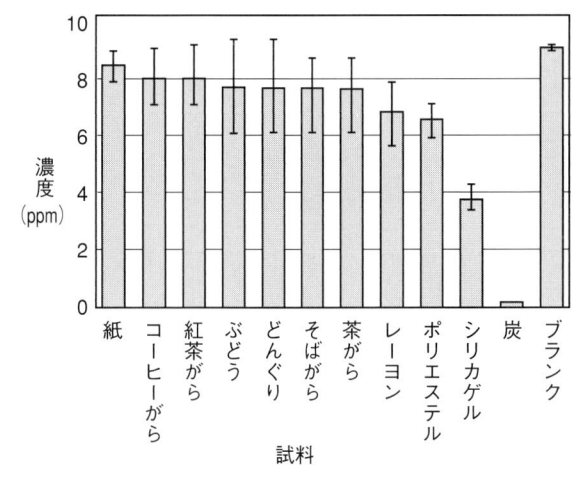

縦軸：濃度（ppm）、横軸：試料 紙，コーヒーがら，紅茶がら，ぶどう，どんぐり，そばがら，茶がら，レーヨン，ポリエステル，シリカゲル，炭，ブランク

（アセトアルデヒドは体臭やたばこ臭の元である）

● ホルムアルデヒドの4つの図からわかることをまとめる。

ホルムアルデヒドの消臭では，吸湿性の大きい紙などの天然素材や綿・レーヨンなどの布やシリカゲルに高い消臭性が見られる。ホルムアルデヒドは水溶性の物質であるため，吸湿性の高い試料に水分とともに吸着されると考えられる。ホルムアルデヒド臭の出やすい靴箱やタンスの中に新聞紙やシリカゲルを置き，2～3日ごとに取り換えれば，ホルムアルデヒド臭の消臭に効果的である。ホルムアルデヒドを吸収した新聞紙は外に出して資源ごみとして処理し，シリカゲルは水で洗って十分に乾かして再び使用する。シリカゲルは菓子袋などに入っているものでよい。

資料

人体へ影響を及ぼすホルムアルデヒドの濃度はどれくらいだろうか

気中濃度（ppm）	人体への影響
0.2	臭気を感じるが，すぐに慣れて感じなくなる
0.5	明らかに臭気を感じる
1～2	目・鼻への刺激，不快感を感じる
3	刺激による苦痛を感じる
5～10	目・鼻・喉に強い刺激。短時間耐えられる限度
10～20	涙・咳が出る。深い呼吸は困難
50以上	5～10分で深気気道障害を招く

（多田治『労働科学叢書25 有害物管理のための測定法 第Ⅱ部 有機編』労働科学研究所より）

生活一般・環境《実験題材》

⑭ 騒音や煤煙を考えよう
健康的な住まい方をめざして

　人が健康で快適に暮らせる居住環境とは，①住居が構造的に心地よい　②事故による危険性がない　③十分な空間があること，である。そのなかに，ひどい騒音がないことや有毒・有害な化学物質や汚染菌がないことも条件として含まれる。そこで，交通騒音，生活騒音や煤煙（特に自動車排出ガス）の実態を知り，少しでも快適に住まうためにどのような工夫ができるか考える。　　　　　　　【所要時間１時間】

ねらい
・騒音や煤煙の実態を把握する。
・騒音と感じるかどうかは，人や時間帯によって異なることを認識する。
・快適に住まう工夫を考え，生活のなかに活かす。

指導上の位置づけ
◆「快適に住まう」「消費行動と環境」における問題点と課題の一つの題材として扱う。
◆音や煤煙（自動車排出ガス）の計測を通して，より快適な住まい方等，生活の工夫を考える。
◆煤煙から地球温暖化，省エネへとつなげて指導する。

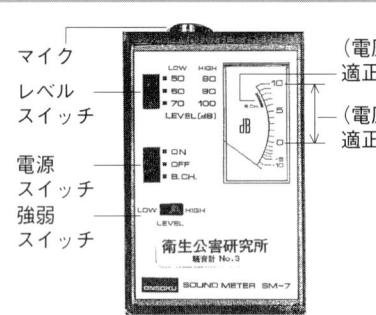

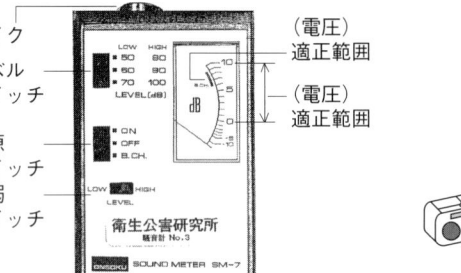

実験１　騒音を考えよう

1　電源を入（ON）にし，測定器を体から30cm以上離し，マイクを音源に向ける。ピアノやCDラジカセの音などを測定する。
　強弱スイッチを強音用（HIGH）にしたままで，レベルスイッチを下段（100デシベル）→中段（90デシベル）→上段（80デシベル）の順に切り換えながら，針が適正な範囲（目盛り０～10）で動くようにする。

2　音を遮断し，測定する。
　CDラジカセと測定器の間に衝立（ついたて）を置き，音の大きさを測定する。また，衝立は布製やベニヤ板，厚みのある板など条件を変えてみる。

3　CDラジカセをいろいろな場所に置いて，音の聞こえ方を比べてみる。

4　実験結果から，防音の工夫を考える。

実験２　煤煙について考えよう

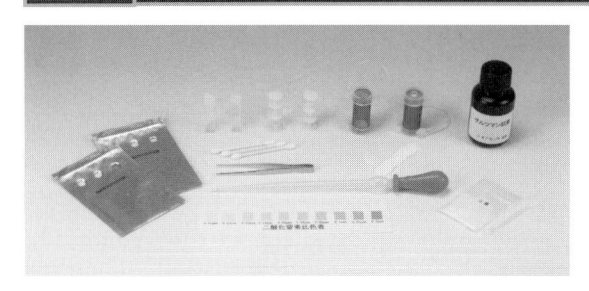

1　試薬のついたろ紙を捕集管の中に入れ，24時間ぶら下げておく。

2　ザルツマン試薬を使い，二酸化窒素の濃度を測る（口絵）。

3　二酸化窒素の環境基準と比較する。

4　二酸化窒素の影響と減らす工夫を考える。

材料 被検物

用具 実験1 簡易騒音計（デジタル騒音計もある），衝立
実験2 簡易型二酸化窒素測定キット
被検物・測定場所 1の測定場所 ピアノ，CDラジカセ，話声，車の走る音など（音楽教室や教室等を利用する）
2 測定場所 学校や家の周囲

留意点

- ワークショップ形式で行う。
- 何種類もの音が混ざる場合，レベル的にエネルギーの大きい音を計測する。よって，目的外の音を計測する場合があるので注意する。
- 窓を閉めた状態や機材音からは1m離れて測定するなど，測定条件を一定にし，音が反射しそうな塀や壁などからは，1m以上離れる。
- 1階と最上階における測定など，集合住宅に類似した測定をする。
- 音の感じ方は個人差が大きく，聴く人の心理状態によって異なる。時間帯に留意し，ルールを守ることが大切であることに気づかせる。
- 二酸化窒素を測定する捕集管は，遮光袋の中に固定するなど，太陽光の影響を受けないよう注意する。

1 騒音を考えよう ― 防音の工夫

- 二重窓や遮音材を使用する。吸音材を使用する。
- 洗濯機は防震マット上に置き，壁との距離を考え，離す。
- 塀や植木を置く。
- ステレオなどを聴くとき，音量を調節したり，スピーカーの向きを考える。
- ラジカセは窓から離して置く。

いろいろな音の大きさと騒音のめやす

単位（デシベル）		騒音のめやす
120		
110	ジェット機（300m）	
100	電車の通るガード下	短時間で聴力低下
90	電車の走る音（100m）	継続的に聞いていると難聴になる
80	地下鉄の中／大きい朗読の声	
70	普通の工場／騒々しい事務所	
60	普通の会話の声（1m）	雑音を無視できない
50	静かな事務所	騒音を感じる
40	図書館 市内深夜	特に気にならない
30	スタジオ 深夜の郊外／ささやきの声（1m）	非常に静か
20	木の葉のそよぎ	無音感

（　）は音源からの距離

（野々村五四男『住居学概説』より作成）

2 煤煙について考えよう

1 二酸化窒素の環境基準（国の環境基準）

- 1時間値の1日平均が0.04ppmから0.06ppmまでのゾーンまたはそれ以下であること。
- 環境基準は，各都道府県別にも基準値を示しており，京都市の場合，1時間値の1日平均0.02ppm以下，当分の間の基準は0.04ppm以下となっている。

（平成19年度）

2 環境問題から省エネを考える

（二酸化窒素の環境基準と学校や家庭周辺の値の比較から）

さまざまな環境問題は，国境を越えて影響を与え，地球規模へ拡大している。二酸化窒素の大きな要因は，自動車の排気ガスであり，その対策の一つとして，低公害車の開発がある。企業の環境保全への取組は始まっている。

わたしたちの生活においても，温暖化防止，省エネへの意識と行動が重要なことを再確認したい。

参考

集合住宅は約10倍の速さ 集合住宅は住戸が連続して連なり，壁や床などの構造体を伝わる音が空中の約10倍の速さで確実に伝わるため，一戸建てに比べ遮音は難しくなる。

コミュニケーションが大切 日頃から近隣の人間関係を円滑にしておくことが，生活騒音をトラブルに発展させない一つの対策である。

窒素化合物による空気の汚れ 工場や家庭から出る煙にも含まれるが，自動車排出ガスが一番の発生原因になっている。高濃度になると人の呼吸器等に悪い影響を与える。

生活一般・環境《実験題材》

⑮ ウォームビズ,クールビズを生かして 二酸化炭素の削減に役立てよう

21世紀は日常生活のあらゆる場面で,エコロジーに配慮した生活のしかたが求められるようになった。地球温暖化の話題は毎日とり上げられ,生活のあり方が問題となっている。クールビズやウォームビズの学習によって,人間の身体に最も身近な衣環境を通して生活の全体を見つめ直し,エコロジーの観点から生活のあり方を具体的に考える契機とする。

【所要時間1時間】

ねらい
・ウォームビズ・クールビズは,人間が寒暑を感じる感覚と被服材料の性質を活用したものであることを知る。
・人間が寒暑を感じるしくみを知る。

指導上の位置づけ
◆社会的に採用され始めているウォームビズ・クールビズが被服の合理的な着用方法であることを理解する。
◆合理的な衣生活が環境問題解消の一助となることを理解し,各自の生活を見直すヒントとする。

1 実験

1 上下を切り取り筒状に加工したペットボトル,下(底)を切り取ったペットボトルを準備する。ペットボトルの背景に黒っぽい色画用紙をセットする。

2 線香に火をつけ,オアシスに差し,それぞれのペットボトルをかぶせる。線香の煙を観察する。

3 それぞれのペットボトルの上部に用意した布をかぶせ輪ゴムで固定し,煙の動きを観察する。

参考

◆クールビズ(COOL BIZ,造語)とは?
「涼しい」「格好いい」という意味の「クール」(cool)と,仕事や職業を意味する「ビジネス」(business)の短縮形ビズ(BIZ)を合わせた造語。環境対策などを目的に,夏季に28℃以上に設定された冷房に対応できる軽装の服装を着用するように,環境省(日本)が中心となって行った衣服の軽装化キャンペーン。軽装を指す(実施期間は6~9月)。

◆ウォームビズ(WARM BIZ,造語)とは?
環境省が行ったキャンペーン「クールビズ」の秋冬版。過度に暖房に頼らず,20℃の室温でも暖かく働きやすい取り組みを指す(実施期間は11月~3月)。衣服や室温の温度設定のみならず,食事や食物に対する提言も出されている。

◆京都議定書とチーム・マイナス6%
2005年に発効した京都議定書において地球温暖化の抑制を目的に,日本は2008年から2012年の間に温室効果ガスの排出量を1990年に比べ6%削減を目標として義務づけられ,政府の地球温暖化対策推進本部は京都議定書目標達成計画を作成した。計画の中で,国民に向けた情報提供,地球温暖化対策の普及啓発を目的に,経済界と協力して進める大規模な国民的運動として「チーム・マイナス6%」を立ち上げ,アクション・プランの一環としてクールビズやウォームビズが提言された。
日本は世界第4位のエネルギー消費国だが資源に乏しく,大半を輸入に頼っている。自給率は原子力を含めても20%程度,地熱・水力に限定すると4%に過ぎない。クールビズやウォームビズの実践を通してエアコンや暖房の過度な使用がエネルギーの無駄使いや健康を損ねていないか点検し,快適で健康的な衣生活をめざしたい。

材料・用具

材料 素材や構造の異なる10cm四方の布を数種類
用具 空きペットボトル2個，黒っぽい色画用紙2枚，輪ゴム，線香・線香立て（オアシス）各2

留意点
- 線香はペットボトル開口部と底部の1/3くらいまでの長さとし，煙を十分観察できるようにする。
- 火の取り扱いには十分注意させる。

資料 空気をうまく活用しよう — 知ってる？ 煙突効果

　異なる温度の流体（液体，気体）がある場合，温度が高く密度の低いものほど上昇し，温度が低く密度が高いものほど下降する性質がある。両端が解放されている煙突状の空間内部で流体が暖められ上昇するとき，下部には負圧がはたらいて流体が流入する。このような流体が煙突状の物体の中で起こす熱対流の性質を「煙突効果」という。

　一般に，煙突の断面積が広いほど，長さが長いほど，この効果は高まるとされ，真直ぐであるほうが流体の流れがスムーズに保たれ，効果を損なわない。

　快適で暖かい着方をする上で空気の活用は欠かせない。空気は暖まると膨張し，軽くなり上昇する。空気は暖まりにくく冷めにくい性質がある。身の回りにある空気は目に見えず重さを感じることはない。この空気をいかに味方につけてコントロールするかが，クールビズ・ウォームビズの成功を左右するといえる。

　空気が上へ上昇する現象を利用して，空気が上へと抜けきらないように首まわりで空気を封じ込めることが暖かい着方の上で効果的である。首まわりだけでなく，袖口や裾などの開口部を閉じた状態にすることで，空気の対流を最小限にできる。いったん暖まった空気は冷めにくいことから，適度な重ね着による空気層をつくることも，暖かさを得る上で重要である。

　沖縄県などで着用されるアロハシャツに似た「かりゆしウェア」は煙突効果を逆手にとって，開口部を活用し空気の対流をおこしやすくすることで涼しさを得ようとする構造であることが理解できる。

　クールビズ・ウォームビズと空気は深く関与しているのである。

各種物質の熱伝導率

物質名	測定温度（℃）	熱伝導率(λ) W/hK
銅	20	372.1
紙	20	0.128
ガラス	20	0.756
ゴム	20	0.151
コンクリート	20	0.81〜1.40
皮革	20	0.163
木材（桐）	30	0.087
水	20	0.602
空気	20	0.026
毛*		0.165
綿*		0.243
ポリエステル*		0.157
カーボン繊維*		0.662

*繊維軸に垂直方向の熱伝導率λ
（丹羽雅子，酒井豊子『着心地の追求』放送大学出版会，1995年より）

暑さ・寒さを感じる仕組み

　人体と被服材料の相互作用において生じる感覚が統合・総合されることで，わたしたちは暑さや寒さなど，快適・不快などを瞬時に判断している。

　人体の作用としての水分・熱・空気と，それらに対する被服材料の性質が暑さや寒さに関与している。このしくみを知ることがクールビズ・ウォームビズを考える大きなヒントにほかならない。

人体の作用・感覚とそれに関係する被服材料の性質

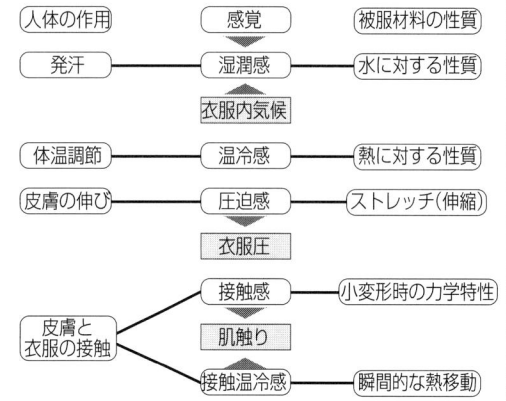

人体の作用	感覚	被服材料の性質
発汗	湿潤感	水に対する性質
	衣服内気候	
体温調節	温冷感	熱に対する性質
皮膚の伸び	圧迫感	ストレッチ（伸縮）
	衣服圧	
皮膚と衣服の接触	接触感	小変形時の力学特性
	肌触り	
	接触温冷感	瞬間的な熱移動

活用

効果的な「背中にタオル」

　アウトドアやウィンタースポーツなど，汗をかくのに戸外での着替えが困難な場合，背中と衣類の間に1枚のタオルをはさんでおく。汗をかいたらタオルを引き抜くだけで，着替えに相当する爽快感を得ることができる。手軽にリフレッシュでき，荷物も少なくてすみ，洗濯物も減少できる。

つくって実験　指編みマフラー

　毛糸2玉を使い，指編みでマフラーをつくり，開口部に巻いて，暖かさの違いを比べてみよう。

衣・食・住《実習題材》

① 食品に含まれる水分はどれくらい？

　人体の 50 ～ 70 ％は，水分でできていて，生命維持のために水分はかかせない成分である。体内に入ってくる水の1／2は，食事からとっており，栄養素は水がなければ消化吸収されない。食品の栄養素の含有率にのみ目を向けることが多いが，実は食品にも水分が多いことに気づかせて，水分の重要性を理解させたい。

【所要時間2時間】

ねらい
・日頃食べている食品の水分量を調べて，水分量の違いによる見た目や食感の違いを理解する。
・水分が食品の新鮮さや保存にかかわっていることに気づかせる。

指導上の位置づけ
◆食品に含まれる栄養素の働きの導入に行うとわかりやすい。
◆食品成分表が100g 当たりに含有する数値であることを認識させることにも役立つ。

1 方法

1 7つの食品を準備して，目でみて食品に含まれる水分量を予想する。

食パン　　フランスパン　　ソーセージ

りんご　　砂糖　　みかん　　牛乳

2 食品成分表で，7つの食品に含まれる水分量を調べる。

3 食品に実際に触れて試食してみる。水分量の違いによって，見た目や食感がどう違うか，表にまとめる。

4 日数が経って古くなると，どうなるか考えてみる。

材料　用具

材料 食パン，フランスパン，砂糖，牛乳，りんご，みかん，ソーセージ（各100g）

用具 はかり，皿6枚，コップ（牛乳用）

留意点

- 各食品を100gで準備できた場合は，そのまま水分率を重量として見当する。
- 食パン1枚，みかん1個などを準備した場合は，重量を測り，水分率で考えさせる。

2　ワークシート

食品	水分量の見当 （gまたは％）	食品成分表で 調べた水分量	見た目や さわった様子	食べてみて 食感の違い	古くなったら どうなるか？
食パン					
フランスパン					
砂糖					
牛乳					
りんご					
みかん					
ソーセージ					

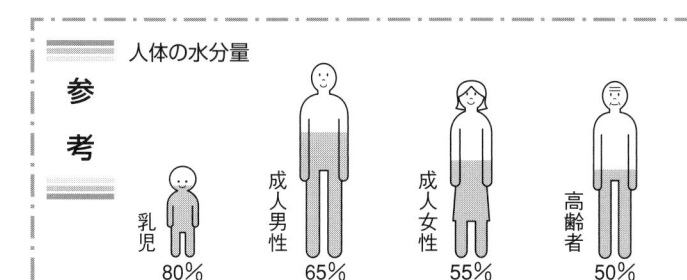

参考　人体の水分量

乳児 80%　成人男性 65%　成人女性 55%　高齢者 50%

人も生物。年を取ると老化現象で水分量が減って，しわが多くなる。食品も古くなると，水分量が減少して，みずみずしさが失われ，固くなる。一方で，乾燥させて水分量を13％以下に減少させると，微生物の繁殖が抑えられ，食品の貯蔵に利用される。

例：乾めん，干物，米，粉ミルクなど

衣・食・住①

衣・食・住《実習題材》

② 包丁を安全に上手に使いこなそう

　調理では，葉菜類の根，いもの皮，魚の頭やひれなど不可食部分を取り除くため，また，食品を食べやすい形や大きさにする，特に美しい形に整えるためにも，切る。食品を切ると表面積が大きくなり，加熱時間が短縮され，調味料も浸透しやすくなる。野菜や肉類は，繊維に沿って切ると，歯ごたえがあり，繊維に直角に切ると繊維を短く切断することになり柔らかな食感になる。「切る」操作は頻繁に行われるが，技術を要する重要な調理操作であり，でき上がりの味にも大きくかかわる。
　だいこんのいろいろな切り方を実習し，包丁の使い方の基本を学び，調理技術習得への意欲を高める。

【所要時間２時間】

ねらい
・包丁の安全な使い方，基本的な切り方がわかる。
・「切る」操作と調理との関係がわかる。

指導上の位置づけ
◆調理実習を含む学習の初めに行い，調理実習での用具の使い方や実習のしかたも学ばせる。

1　方法

・だいこんの輪切りを用意し，皮むき，縦切り，薄切り，せん切り，いちょう切りをし，包丁の持ち方，姿勢，足の位置，材料を押さえる手の形等を確かめる。
・切る操作をする生徒とその観察をする生徒の２人組等で行い，交替するときに包丁を受け渡す際，手渡しするなら受け取る側に包丁の柄を向けて渡す。あるいは手渡しせず，台上に置いて交替するとより安全であることなど包丁の安全な渡し方も確かめる。
・観察する生徒は，切る生徒が作業の各段階で正しくできているか確認する。
・実習により，包丁の安全な使い方，いろいろな切り方，食材の繊維と切断方向，他の調理操作，でき上がりの歯ごたえ等との関係を整理する。
・次のような展開により，学習を深めさせることも考えられる。
　○むいた皮の厚さ，また，薄切りの厚さ，せん切りの太さ，いちょう切りの厚さを計測・記録させる。
　○皮をむく前のだいこんの重量，皮をむいた後のだいこんの重量，むいた皮の重量を計量させる。
　○観察する生徒は，皮むきしただいこんとむいた皮，また，縦切り，薄切り，せん切り，いちょう切りしただいこん，包丁の持ち方，姿勢，足の位置，材料を押さえる手の形等を撮影し，写真記録をもとにまとめる。

包丁の部位の名称と用途

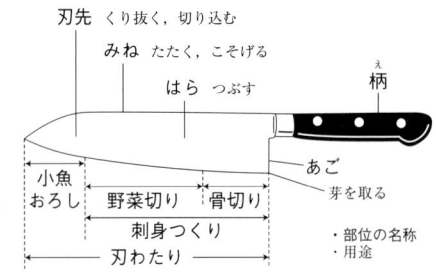

刃先　くり抜く，切り込む
みね　たたく，こそげる
はら　つぶす
柄
あご　芽を取る
小魚おろし
野菜切り
骨切り
刺身つくり
刃わたり

・部位の名称
・用途

活用

切っただいこんでみそ汁をつくる
材料：(１人分)だいこん約100g，煮干し４～５g（だし汁の３％），みそ15g，水180mℓ（だし汁150mℓ＋蒸発分30mℓ）。
用具：包丁，まな板，ボウル，鍋，玉じゃくし，汁椀，箸

1　煮干しだしをとる
①煮干しの頭と腹わたをとる。
②大きい煮干しであれば，たて半分に割る。
③なべに水を計量し，煮干しを浸けておく。
④火にかけ，強火で沸とうさせ，沸とうしたら中火にして10～15分間軽く沸とうさせながら煮る。
⑤だしがとれたら，計量し，予定量より足りなければ，水を加える。
⑥煮干しを取り出してもよいし，そのままだいこんを加えてみそ汁にしてもよい。

2　みそ汁をつくる
①だしにせん切りだいこんを入れ，軽く沸とうさせながら軽く煮る。
②ボウルに入れたみそに煮汁を少量入れて溶き，なべに入れ，全体を軽くかき混ぜる。
③沸とうし始めたら，火を止める。

材料 用具

材料（1人分）だいこん100g程度（厚さ5cm程度）の輪切り1切れ

用具 包丁，まな板，ボウル

留意点
- 包丁技術の基礎を学ぶための材料として，まな板上での安定性や包丁の滑らかな動きからだいこんがよいとされる。
- 切っただいこんでみそ汁をつくり，切る操作と加熱調理の関係，材料の繊維と切断方向，食感との関係とを総合的に学ばせる展開も考えられる。

2 作業手順と記録

	作　業	記録
持ち方と姿勢	①包丁を動かしやすいよう，足を肩幅に開き，利き手側の足を少しうしろへ引く。 ②体の正面で，切る食材をまな板に置き，利き手で包丁の柄を持つ。 ③反対の手の指先を猫の手のような形にして食材を押さえたまま指の第1関節を包丁のはらに当て，刃を下ろし切る。 ④連続して切るときは，食材を押さえた指の第1関節を包丁のはらに当てたまま，包丁の進みに合わせてずらす。 ⑤包丁を受け渡すときは，手渡しするなら受け取る側に包丁の柄を向けて渡す。手渡しせず，台上に置いて引き継ぐとより安全である。 包丁の持ち方　刃元のほうで切る場合　　比較的刃先を使う場合 材料を押さえる手の形　　包丁の渡し方	
皮をむく	①体の正面で，輪切りしただいこんの側面（皮がついているところ）をつかむようにして持つ。 ②包丁を持った手の親指を包丁のはらに当て，刃を横向きにだいこんに当てる。 ③包丁のはらに当てた親指をわずかにずらしだいこんの皮にも当て，刃を皮に切り込み，皮をむいていく。 ④刃の進みに合わせ親指をずらす。 ⑤刃が正面にあるよう，刃の進みに合わせだいこんも回す。	
縦半分に切る	①だいこんの底面をまな板に置く。 ②だいこんの繊維に沿って縦半分に切る（この後，一方を縦薄切りからせん切りに，もう一方をいちょう切りにする）。	
縦に薄切りにする	①縦半分にしただいこんの一方をまな板に置く。 ②だいこんの繊維に沿って縦の薄切りにする。	
せん切りにする	①縦に薄切りしただいこんの重なりをずらす。 ②だいこんの繊維に沿って，縦に細長く切る。	
いちょう切りにする	①縦半分にしただいこんのもう一方を，まな板にだいこんの繊維に沿って縦に置く。 ②だいこんの繊維に沿って縦半分に切る。 ③②をまな板に繊維方向が横になるようそろえて置く。 ④だいこんの繊維に垂直に刃を下ろし，薄く切る。	

衣・食・住《実験題材》

③ 食品の新鮮さを調べよう
卵で知る，食品は新古でこんなに違う！

　肉，魚，鶏卵，牛乳（乳製品）は日常よく利用される食品である。中でも，鶏卵は調理性が幅広く，色，形が美しく，食べやすいので，多くの調理に利用される。動物性食品は良質なたんぱく質と脂質に富み，人体の成長と健康維持に必須の食品であるが，鮮度が落ちると品質低下が速やかである。魚介類は鮮度によって調理法も決まる。

　新古の鶏卵の各部や起泡性の比較観察により，食品の鮮度と調理との関係について科学的に理解するという意欲をもつ。

【所要時間2時間】

ねらい
・卵の構造と鮮度との関係がわかる。
・食品の鮮度と調理との関係についての科学的理解に意欲をもつ。

指導上の位置づけ
◆肉，魚，鶏卵，牛乳（乳製品）を扱う調理の学習の初めに行い，食品衛生に関する学習等と関連づけ，鮮度を生かした調理ができるようにする。

1 方法

1 卵の鮮度と各部の観察
① 2個の卵を外観から見て，新しいと思うものを1，古いと思うものを2とする。
② 2個の卵の全卵重量をはかる。
③ 10％食塩水を入れたビーカー中に2個の卵を同時に静かに入れ，沈み具合を比較し，下方を1，上方を2として順位づける。
④ 2個の卵をそれぞれボウルに割り入れ，観察する。
⑤ 卵黄と卵白を分ける。玉じゃくしを用いると卵黄膜を破ることなく分けることができる。
⑥ 卵黄を平らな皿に静かにのせ，卵黄の高さを比較し，高いほうを1と順位づける。
⑦ 卵殻，卵黄，卵白（全卵白）の各重量をはかり，割る前の全卵重量に対するそれぞれの構成比（％）を求める。
⑧ 卵白を穴じゃくしに入れ，ボウルに水様卵白を20〜30秒落下させ，濃厚卵白と水様卵白に分ける。
⑨ 濃厚卵白と水様卵白の各重量をはかり，濃厚卵白率を求める。数値の高いほうを1と順位づける。
　　濃厚卵白率＝濃厚卵白重量÷全卵白重量×100
⑩ 卵黄を指でつまんで持ち上げ，卵黄膜の強度を比較観察し，破れにくいほうを1と順位づける。
⑪ 卵殻の内側を観察し，気室の大きさを比較し，小さいほうを1と順位づける。

卵黄の高さの見方

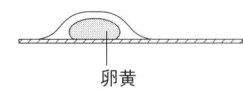

卵黄

濃厚卵白と水様卵白の分け方

濃厚卵白
水様卵白

2 卵白の起泡性と泡の安定度の観察
① 1で用いた新古の卵の濃厚卵白と水様卵白それぞれを合わせ，新古の全卵白とする。
② 新古の卵の全卵白をそれぞれボウルに同量用意する。
③ 新古の卵の全卵白を泡だて器で3分間，540回（1秒間に3回程度）かき混ぜる。このとき，泡だて器の回転を同一方向にする。回転の大きさもできるだけそろえる。
④ それぞれの泡の状態（きめの細かさなど）を観察する。
⑤ 泡立て終了10分後の分離液量をはかる。
⑥ 新古の卵の濃厚卵白，水様卵白，全卵白，卵黄についても，新古の卵白と同様に調べるとよい。

材料　用具

材料 鶏卵2個（産卵直後の新鮮鶏卵と市販卵を30℃で1週間放置した古卵），10%食塩水250mℓ

用具 平らな皿，ビーカー（300mℓ），ほうろう製かガラス製のボウル，玉じゃくし，穴じゃくし，はかり，泡立て器，メスシリンダー（50mℓ）

留意点

●鶏卵の新古の比較をしないで，新鮮卵の観察のみを行い，卵黄でカスタードクリームを，卵白でベークドメレンゲやマシュマロをつくり，生卵の熱凝固性，卵白の起泡性の実習の両ほうをするような展開も考えられる。

3 まとめ

鶏卵の新古と各部の違い，調理との関係等をまとめる。

2 ワークシート

鶏卵各部の測定と順位		
	卵1	卵2
外観による順位	1	2
10%食塩水による順位		
卵黄の高さによる順位		
気室の大きさによる順位 （小さいほうが1）		
濃厚卵白率による順位		
卵黄膜強度による順位		

鶏卵各部の重量と構成比				
	重量（g）		構成比（%）	
	卵1	卵2	卵1	卵2
全卵				
卵殻				
卵黄				
全卵白				
濃厚卵白				
水様卵白				

鶏卵の状態の観察		
	卵1	卵2
10%食塩水中		
割ったとき		
卵黄をつまみ上げる		

起泡性の観察			
	使用量	泡立ち状態	分離液量（mℓ）
新卵の全卵白			
古卵の全卵白			

鶏卵の新古と各部の違い，調理との関係等のまとめ

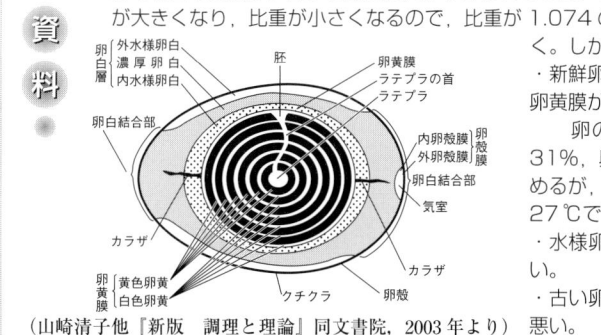

資料

・卵の新古の鑑別は，昔から比重法により行われてきた。新鮮卵の比重は1.08～1.09で，産卵後日数がたつと気室が大きくなり，比重が小さくなるので，比重が1.074の10%食塩水に入れると新しいものは沈み，古いものは浮く。しかし，比重法は内容物の変化を正確に表すとは限らない。

・新鮮卵の卵黄係数は0.44～0.36であり，古くなって割卵の際，卵黄膜が破れやすい状態の卵は0.25～0.20くらいである。

・卵の構成割合は全卵を100%とすると，卵白58%，卵黄31%，卵殻11%である。新鮮卵白では濃厚卵白が50%以上を占めるが，古くなるにつれて濃厚卵白が減少し，水様卵白が多くなり，27℃で1か月後にはすべて水様卵白となる。

・水様卵白のほうが濃厚卵白より起泡性はよいが，泡の安定性は低い。

・古い卵のほうが水様卵白が多くなるので泡立てやすいが安定性が悪い。

（山崎清子他『新版　調理と理論』同文書院，2003年より）

（大羽和子他編著『調理科学実験』，学建書院，2003年より）

衣・食・住《実習題材》

④ 地域に伝わる野菜を調べてみよう

　日本に自生していた野菜は20種類弱といわれるが，海外から渡来した野菜も長い歴史の中で日本各地の気候・土壌・食生活や文化に適応して分化し，多くの地方野菜・地方品種が誕生してきた。少しでも食料自給率を高める，食の安全を守る，地域の食文化を理解する，さらには遺伝資源を守っていくという意味からも，地域特産の野菜を知り，積極的に活用する。　　　　　　　　　　　　　　　　　【所要時間2時間】

ねらい
- 地域の地方野菜を調べ，どのような特徴があるかを知る。
- 地方野菜が人びとの食卓で，どのように用いられてきたかを知る。

指導上の位置づけ
- 地産地消の象徴ともいえる地方野菜を通して，食の安全の確保と食料自給率の向上について考えさせる。
- 食文化は，郷土料理や行事食，食材やその生産，人びとの積年の営為に及ぶものであることを理解させる。

1　地方野菜とは？

1　地方野菜の成立

　日本も原産地の一つと考えられる野菜*には，日常の食生活で重要な役割を果たしている種類はほとんどない。15世紀以前には，ショウガ，ナス，ニラ，ニンニク，ネギ，ゴボウなどが，ほとんどが中国大陸からあるいは朝鮮半島経由で渡来し，一部は東南アジアから列島経由で渡来したと考えられている。15, 16世紀〜江戸時代にかけては中国・朝鮮半島のほか南蛮からカボチャ（和種），スイカ，キュウリ，ニンジン，ホウレンソウ，インゲン，エンドウなどが渡来，幕末〜明治にかけてはヨーロッパ・アメリカからの渡来が増加し，キャベツ，カリフラワー，ハクサイ，カボチャ（洋種），メロン，レタス，セロリ，トマト，ピーマン，イチゴ，アスパラガス，タマネギなど現在の主要野菜の多くが導入された。これらは渡来後，日本各地に伝播・馴化され，それぞれの地域で気候・土壌・食生活・地域的行事などに対応するよう選抜・固定が繰り返されて地方野菜へと分化していった。

　　*ウド，オカヒジキ，サンショウ，ジネンジョ，ジュンサイ，セリ，タデ，ツルナ，ハマボウフウ，ヒシ，フキ，マツナ，ミツバ，ショウガ，ハクラン，ヤマゴボウ，ユリ，ワサビなど約20種類。

2　地方野菜の衰退と再興

　昭和にはいると恐慌や戦争による食料不足を補うため，主食を補充するイモ類などが偏重されて一時的に衰退したが，戦後の復興後に主食が充足されると野菜の需要も高まり，地方野菜は戦前の水準にまで回復した。

　ところが1970年代の高度経済成長に伴う都市への人口集中とともに都市部への生鮮食料の安定供給のため，中央卸売市場を中心とした市場流通機構への安定供給のため，生産者側にも「単品・大量生産・大量供給」に応えるため，栽培が容易で収穫量が多く，特殊な取り扱いを要しないものが選択され，野菜の品種の単純化が進み，地方野菜は衰退していった。

　1980年代「飽食の時代」になるとより高品質で新しい，珍しいものを求めるようになり，新品種の野菜や山菜の野菜としての認知，ハーブなど香辛料の生産が活発化し，古くからなじんできた地域独特の野菜，地方野菜が復権する。よりナチュラルな生活を求める人びとの増加もこれを後押ししているといえよう（『地方野菜大全』より要約）。

2　課題

1　地域の地方野菜について，その成り立ち，栽培方法，用いられ方，味や外観上の特徴などを調べてみよう。

2　地域の地方野菜はどのようにして食されていたか調べ，現代の活用方法を考えてみよう。

資料　都道府県別地方野菜（例）

- ★北海道：食用ユリ，札幌大球キャベツ，札幌黄（タマネギ），夕張キング（メロン）
- ★青森県：福地ホワイト（ニンニク），阿房宮（食用ギク），糠塚キュウリ
- ★岩手県：二子サトイモ，暮坪カブ，地ダイコン
- ★宮城県：仙台長ナス，仙台芭蕉菜，小瀬菜ダイコン，鬼首菜，青ばた（エダマメ），伊場野芋（サトイモ）
- ★秋田県：秋田ダイコン，平良カブ，湯沢ヒロッコ（アサツキ）山内ニンジン，秋田フキ
- ★山形県：温海カブ，ダダチャマメ（エダマメ），民田ナス，延命楽・もってのほか（食用ギク）
- ★福島県：源吾ネギ，五葉マメ（エダマメ），アサツキ，信夫冬菜，眞渡ウリ（マクワウリ）
- ★茨城県：赤ネギ，浮島ダイコン，貝地タカナ
- ★栃木県：ユウガオ，新里ネギ，宮ネギ，かき菜，中山かぼちゃ
- ★群馬県：下仁田ネギ，在来水ブキ，陣田ミョウガ，上泉理想ダイコン，CO菜，ベニバナインゲン，在来インゲン
- ★埼玉県：クワイ，埼玉青ナス，紅赤（サツマイモ），潮止晩ネギ，サントウサイ，ベカナ
- ★千葉県：だるまエンドウ，黒川系寒咲花菜（ナバナ），坊主不知ネギ，大浦ゴボウ
- ★東京都：のらぼう菜，ウド，アシタバ，小笠原カボチャ，八丈オクラ，亀戸大根
- ★神奈川県：湘南レッド（生食用赤タマネギ），大山そだち（カラシナ），三浦ダイコン
- ★山梨県：長禅寺菜，鳴沢菜，茂倉うり（キュウリ），つやいも（ジャガイモ），甲州もろこし
- ★長野県：野沢菜，開田蕪，雪菜，ねずみ大根，沼目シロウリ，小布施丸なす，常磐ごぼう，御牧イチゴ，源助かぶ菜（カブ），下栗二度芋（ジャガイモ）
- ★新潟県：女池菜，かきのもと（食用ギク），魚沼巾着（ナス），八幡イモ（サトイモ），高田シロウリ，砂ネギ，寄居カブ
- ★富山県：利賀カブ，平野ダイコン，富山大カブ，どっこ（キュウリ），くきたち（ツケナ）
- ★石川県：金沢青カブ，加賀太キュウリ，金時草（スイゼンジナ），加賀れんこん，ヘタ紫なす，諸江せり，森本自然薯
- ★福井県：穴馬カブラ，マナ（ツケナ），越前白ゴボウ，花ラッキョウ，谷田部ネギ，板垣ダイコン，立石ナス，嵐カブラ
- ★岐阜県：真桑ウリ，ゴボウアザミ，チョロギ，白大カブ，飛騨赤カブ，守口ダイコン
- ★静岡県：絹莢エンドウ，水掛菜，エビイモ（サトイモ）早生タマネギ，パセリ，自然薯
- ★愛知県：宮重ダイコン，尾張大カブ，愛知白タマネギ，碧南鮮紅五寸ニンジン，越津ネギ，土田カボチャ，ファーストトマト
- ★三重県：長島在来（ナバナ），伊勢イモ（ヤマイモ），御園ダイコン，朝熊小菜
- ★滋賀県：万木カブ，日野（カブ），山田ダイコン，伊吹ダイコン
- ★京都府：賀茂なす，鹿ヶ谷かぼちゃ，堀川ごぼう，聖護院かぶ，えびいも（サトイモ），みず菜，九条ねぎ，もぎなす，京水芹
- ★大阪府：尖りカブ，大阪シロナ，毛馬きゅうり，毛馬きゅうり，水ナス，泉州黄（タマネギ），若菜，鳥飼ナス
- ★兵庫県：岩津ねぎ，丹波黒大豆（エダマメ），三田ウド，武庫一寸ソラマメ，網干メロン
- ★奈良県：大和イモ（ヤマノイモ），大和スイカ，大和真菜
- ★和歌山県：ウスイエンドウ，シシトウガラシ，青身ダイコン，千石豆（フジマメ）
- ★鳥取県：砂丘ラッキョウ，伯州ネギ，三宝トウガラシ
- ★島根県：津田カブ，黒田セリ，出雲メロン（マクワウリ），津田長ナス，飯島カブ
- ★岡山県：万善カブラ，土居分小菜，備前黒皮カボチャ，衣川ナス，おたふくシュンギク
- ★広島県：広島菜，観音ネギ，青大キュウリ，ワケギ，シュンギク，笹木三月子（ダイコン）
- ★山口県：とっくり大根，やまのいも，白おくら，彦島春菜，田屋なす，笹川錦帯白菜，あざみな，武久蕪，萩ごぼう
- ★徳島県：阿波みどり，（シロウリ），芳玉（イチゴ），阿波たくわん（ダイコン）
- ★香川県：さぬき長莢（ソラマメ），マンバ（タカナ），金時ニンジン，さぬきシロウリ
- ★愛媛県：錦インゲン，絹皮ナス，テイレギ，伊予緋カブ，庄ダイコン，女早生（サトイモ），シロイモ（サツマイモ）
- ★高知県：十市ナス，十市在来シシトウ，昌介（ピーマン），弘岡カブ
- ★福岡県：大葉シュンギク，三池タカナ，博多金時ニンジン，かつお菜，博多新ゴボウ，博多ナバナ，博多据かぶ
- ★佐賀県：女山ダイコン，佐賀青シマウリ，，トウビシ
- ★長崎県：長崎ハクサイ，雲仙コブタカナ，大ショウガ，ワケギ，夏ネギ，オテウリ（マクワウリ）
- ★熊本県：水前寺モヤシ，水前寺菜，鶴の子イモ（サトイモ），阿蘇タカナ，黒皮カボチャ，黒菜，天草小粒（ソラマメ）
- ★大分県：チョロギ，久住タカナ，臼杵の大ショウガ，青長地這キュウリ，ヤソゼリ（クレソン）
- ★宮崎県：日向カボチャ，在来白皮ニガウリ，佐土原（ナス），糸巻きダイコン，白ナス，イラカブ（ツケナ）
- ★鹿児島県：桜島ダイコン，与論カボチャ，隼人ウリ，サツマイモ，水イモ（サトイモ），雷エンドウ，ふうマメ（ソラマメ）
- ★沖縄県：モーウイ（キュウリ），地ナス，トウガン，ゴーヤー，島カボチャ，島ダイコン，島ニンジン，ダイショ，紅イモ

（芹澤正和監修，タキイ種苗出版部編『都道府県別　地方野菜大全』農山漁村文化協会，2002年より）

衣・食・住《実習題材》

⑤ 羊毛の草木染めでつくってみよう
ホームスパンのしおりやブレスレットづくり

羊毛は絹とともに草木染めでよく染まるので，いろいろな色に染めてホームスパンのように糸を紡ぎ，柄織りでしおりやブレスレットなどの小物を織ってみる。

【所要時間４～６時間】

ねらい
- 羊毛はほとんどの草木の花・実・葉・茎・幹・根などで濃く染めることができ，大昔から羊毛を利用してきた人びとの民族衣装はカラフルだったことに気づく。
- 羊毛を染め，カラフルな糸を紡ぎ，柄織りで楽しいしおりやブレスレットなどの小物づくりを通して糸と布の成り立ちを知る。

指導上の位置づけ
◆ 羊毛は紅花の赤染め以外の天然染料でとてもよく染まるので，４～５色に染める。
◆ 簡単な道具（こま）を使って糸を紡ぎ，硬い厚紙の織り具をつくって柄織りの小物をつくることで糸や布の成り立ちを知る。

方法１　羊毛を染める

①羊毛トップ（各約50g）を台所用水切りネットに入れる。
②４～５種類（各約50g，赤：茜，青：藍，黄：くちなし，黒：矢車附子，茶：玉ねぎの皮など）の植物を台所用水切りネットに入れ，約2ℓの水で約30分間煮沸するか，ふたつきポリバケツに熱水を入れて色素を抽出する。
③50℃以上の高温染色液に羊毛トップを入れ，30分間浸漬する。染まりが薄い場合は１時間以上浸す。
④藍（乾燥葉約25g，ハイドロサルファイト4g，炭酸ナトリウム4gで熱水抽出した液）は40～45℃で数回液から出して空気に触れさせる。矢車附子は鉄さび液，玉ねぎの皮はみょうばん液に浸して媒染する。
⑤水で洗って乾かす。

注１）羊毛は染色中にかき混ぜたり，水洗いを強く行うとフェルト化するので静かに行う。
　２）各50g染めると白を含めて約300gできるので，しおりまたはブレスレットを200個くらいつくることができる。ただし，糸紡ぎの練習は白羊毛で行う。染色羊毛は本書「幼児が喜ぶフェルトのマスコットづくり」（p.14）にも使用できる。

方法２　しおりやブレスレットの柄を考える

①平織の組織図をつくる。たて糸が表に出る箇所は黒く塗りつぶさないで，○などの記号にする。

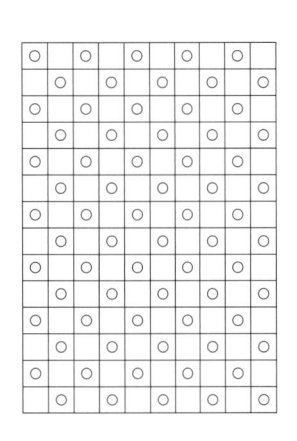

①，②平織の組織図をつくる（たて糸が表に出ている箇所に○印をつける）

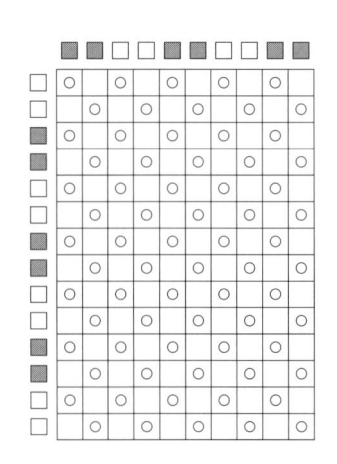

③たて糸とよこ糸に色糸を配列する（例：たて・よこ２本（白２本，黒２本）ずつ並べる）

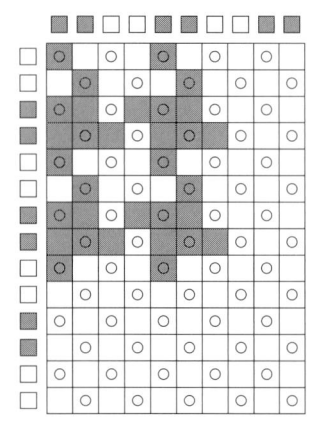

④組織図に色を塗る（○の箇所は上のたて糸の色を，○のない箇所は左のよこ糸の色を塗る）

```
┌─ 材料　用具 ──────────────────────────────────────────┐
│ 方法１：[材料] 各種天然染料，羊毛トップ，媒染剤　[用具] ほうろう容器，ふたつきポリバケツ，台所用水切りネット │
│ 方法２：[材料] 方眼紙または柄づくり用平織組織図　[用具] フェルトペン                              │
│ 方法３：[材料] 割りばし，厚紙，ヒートン　[用具] はさみ，カッターナイフ，ホッチキス，ポンチ，ハンマー，やかん │
│ 方法４：[材料] カード紙のような硬い厚紙　[用具] はさみ，セロハンテープ                            │
└──────────────────────────────────────────────────┘
```

②しおりのたて糸本数（ます目数）は 10～15 本，ブレスレットは 7～10 本くらいがよい。
③○印をつけた平織組織図（①，②）のたて糸とよこ糸に色糸を配列する。
④組織図に配列した色をたて糸，よこ糸ともに塗る（○印の箇所はたて糸の色を，○印のない箇所はよこ糸の色を塗る）。平織でも色糸の並べ方で非常に多くの柄をつくることができるので，少なくとも 5～6 種類の柄をつくって選ぶとよい。

各 4～5m 紡いだホームスパン糸

方法３　染色羊毛を単色またはブレンドして糸を紡ぐ

関連内容　『図解 家庭科の実験・観察・実習指導集』「綿花を栽培して糸を紡ごう」

①染色羊毛を両手でよくほぐしながら繊維の方向をそろえる。
②ブレンドは 2 色の羊毛を重ね，両手ですきながらよく混ぜて繊維の方向をそろえる。割りばしとボール紙でこま（紡錘車）をつくり，割りばしの上部に口を広げたヒートンをはめ，割りばしの上部から約 1cm の箇所にカッターナイフで最初の糸を引っかけるための切り口をつける。ヒートンはポンチで口を開けるとよい。
③こまを空中でつるして回転させてよりをかけながら糸を紡ぎ，こまに巻きつける。
④2 色の糸を各 3～5m つくる。
⑤やかんの口から出る湯気にこまに巻いた糸を当ててより止めをする。

左：茜と藍，中：玉ねぎの皮とくちなし，右：ブレンド

方法４　しおりやブレスレットを織る

ブレスレットをつくろう

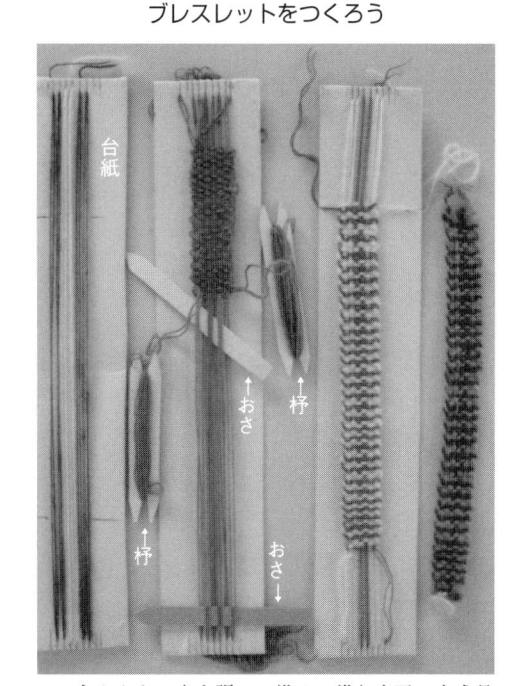

①しおりは厚紙の台紙を幅約 5～6cm，長さ約 10～12cm，ブレスレットは幅約 4～5cm，長さ約 15～20cm に切り，どちらも上下に 2.5mm 間隔に刻み（深さ約 7～8mm，柄に合わせたて糸本数分）を入れる。
②方法 2 で選んだ柄に合わせて，紡いだ糸を 2 本そろえ，刻みに引っかけながらたて糸を張る。裏側には通さず，刻みにかけて表に出す。
③たて糸が外れないように，裏側をセロハンテープでとめる。
④残った糸は 2 色を別々に 2 本そろえて厚紙の杼に巻く。
⑤厚紙のおさで 1 刻み（たて糸 2 本分）ごとに交互にすくい，立てて柄に合わせて杼（よこ糸）を通す。
⑥最初にすくったおさは倒してそのまま下側に移し，別のおさで下側に移したおさの下になっているたて糸（2 本）を刻みごとにすくい，立てて柄に合わせて次のよこ糸を通す。
⑦⑥ですくったおさを抜き，下に移してあるおさを立てて柄に合わせて次のよこ糸を通す。
⑧⑥と⑦を繰り返し，しおりでは台紙の 2/3 くらいまで織る。ブレスレットは台紙の上 4～5cm 残して途中から織り始め，下も 4～5cm 残すと，それらを使ってひもに利用できる。
⑨織り終わったら，最後のよこ糸がほつれないように工夫して，台からはずし，しおりやブレスレットに完成する（口絵）。

左からたて糸を張る，織る，織り完了，完成品

衣・食・住《実習題材》

6 しみを取ってみよう
しみの性質に合わせたしみ抜き方法とは？

　しみは「染み」と書くように，布の繊維などに部分的に染まったような色がついた汚れである。しみは一般の洗濯では取り除くことがむずかしいので，特別なしみ抜きをして除く必要がある。
　しみには水溶性しみと不溶性（油性）しみがあり，ここでは一般衣服についたしみを想定して，綿布にしょうゆやソースなどの水溶性しみと，朱肉やボールペン，油性ペンなどの不溶性しみをつけて，除去できるかどうか調べる。

【所要時間60分】

ねらい
・しみの種類によってしみ抜き剤が異なることを知る。
・しみはすぐ処置することが大切であることを知る。
・しみ抜きは生地を傷めやすいことに気づかせる。

指導上の位置づけ
◆日常着についた各種のしみ汚れを取り除く方法を知り，生地の傷みやすい高級衣服のしみは専門業者に依頼するようにする。

1　水溶性しみの場合

1　しょうゆまたはソース，果汁または果物などを白綿布（約10cm×10cm）に少量（スポイトで半滴くらい）付着させる。1週間前にも同じしみをつけておく。爪楊枝の頭部分に液をつけてしみをつけてもよい。

2　フィルムケースに約0.5％洗剤液を1/3くらい入れ，しみのついた面にフィルムケースを当て，しみの裏面からふたをして，よく振る。

3　しみが残っていたら，不用布またはティッシュペーパーを数枚重ねて敷き，しみのついている面を当てて，裏側から洗剤液をつけた布（割りばしに不用布を重ねて当てたもの）または歯ブラシを使ってたたく。

4　それでもしみが残っていたら，繊維に適した漂白剤を使って漂白する。

5　しみがとれたら水で洗って乾かす。

フィルムケースを使ったしみの取り方

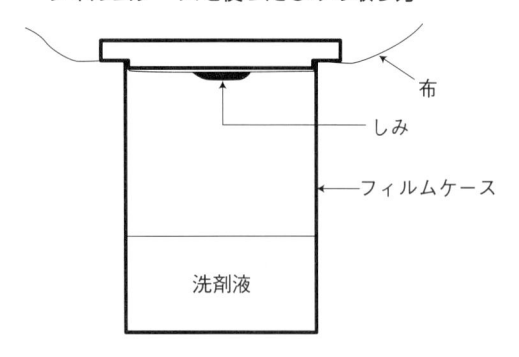

割りばしを使ったしみの取り方

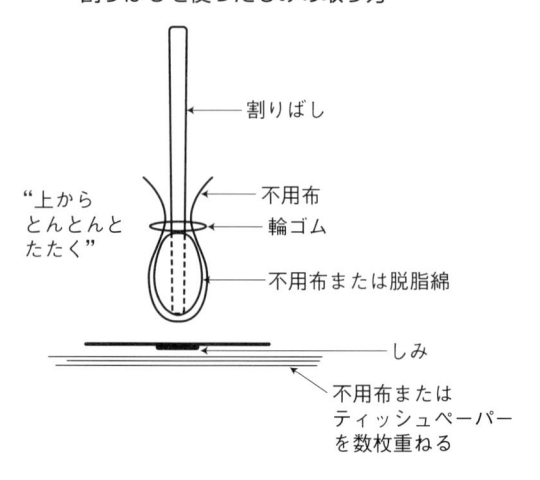

> **材料 用具**
> **材料** 白綿布，各種繊維布，洗剤，漂白剤，アルコール，ベンジン，アセトン，各種しみつけ剤（しょうゆ，果汁，油性ペンなど），市販のしみ抜き剤
> **用具** フィルムケース，割りばし，不用布，ティッシュペーパー，輪ゴム，歯ブラシ，拡大鏡

> **留意点**
> ●アルコール・ベンジン・アセトンなどの有機溶剤は，火の気のないところで使用し，換気に留意して，吸引しないように気をつける。

2 油性しみの場合

1. ボールペンまたは油性ペン，クレヨンまたは朱肉などを白綿布（約10cm×10cm）に少量付着させる。1週間前にも同じしみをつけておく。

2. 不用布またはティッシュペーパーを数枚重ねてしみのついた面を当て，裏側からメチルアルコールまたはエチルアルコールをつけた布でたたく。

3. しみが残っていたら同様の方法でベンジンまたはアセトンをつけてたたく。

4. 衣服の場合，しみの輪ができたらドライクリーニングに出す。

3 各種繊維布のしみを取って，布の表面状態を調べてみよう

1. 綿，毛[*1]，絹[*1]，レーヨン，ポリエステルなどの布に水溶性と油性のしみをそれぞれつけ，1週間放置する。

2. 1または2の方法や市販のしみ抜き剤[*2]でしみを取り，布の表面を拡大鏡を使って調べる。

*1：毛や絹の布は強くたたくと毛羽立つなどの表面状態が変化するので，専門家に依頼しよう。

*2：家庭で使えるしみ抜き剤が市販されているので，使用方法を確認して使ってみよう。

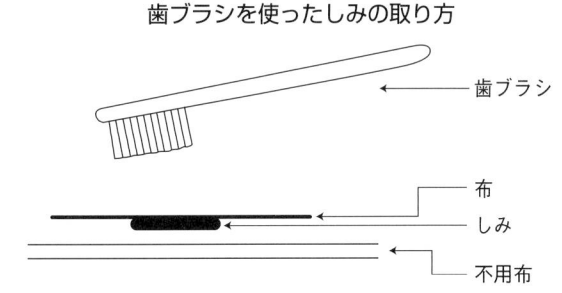

歯ブラシを使ったしみの取り方

歯ブラシ／布／しみ／不用布

歯ブラシに洗剤液や溶剤をつけ，割りばしを使う方法と同じようにたたいたりこすったりして，しみを不用布に移して除く。

参考　しみ抜き法と薬剤

水・洗剤液法：1で行ったように水溶性しみを除くときに用いる。水・湯・洗剤液を不用布（応急としてティッシュペーパー）につけて別の不用布またはティッシュペーパーにたたき出しながらしみ汚れを移して除く。

有機溶剤法：2で行ったように油性しみを除くときに用いる。アルコール・ベンジン・アセトンなどの有機溶剤を不用布や歯ブラシなどにつけて別の不用布やティッシュペーパーにしみを移して除く。

中和法：果汁や汗などの酸性しみは重曹や炭酸ナトリウム溶液で，尿などのアルカリ性しみは酢酸やくえん酸溶液で，中和して除く。

粘着法：墨汁のしみは，スティック糊やご飯粒などを刷り込んで汚れをくっつけて除く。

酵素分解法：血液やたんぱく質，炭水化物のしみを酵素の分解力を利用して除く。しみの種類によって分解酵素を選ぶ必要がある。

漂白法：しみの色素を漂白して除く。繊維の種類や色・柄物で漂白剤を選ぶ必要がある。

関連内容 『続 図解 家庭科の実験・観察・実習指導集』「家庭にある漂白剤を考えよう」

衣・食・住《実習題材》

❼ 豆乳を使って安全で不思議で楽しい染色
濃淡染めでオリジナル染色作品をつくろう

豆乳は羊毛や絹と同じたんぱく質物質で，液体という性質を生かして綿や麻などの繊維内部へしみ込ませた後，たんぱく質繊維が染まりやすい染料を使って染めることで，不思議な濃淡染めができる（口絵）。

【所要時間30〜60分】

ねらい
・植物性たんぱく質の豆乳を筆で手描きしたりステンシルを使って綿や麻の布に文字や絵を描いて繊維内部へ浸透させて乾かし，特に毛や絹に染まりやすい天然染料や酸性染料を使って，描いたところが濃く染まるオリジナル濃淡染色作品をつくる。

指導上の位置づけ
◆むずかしく面倒と思われがちな染色を，身近なもので不思議で楽しい染色ができることに気づかせる。
◆大きな垂れ幕から小さなコースターまで，簡単に染めることができる。
◆安全・安心な染色ができる。

1　染め方

1　無調整豆乳を少量，ビーカー型PET容器に移す。

2　吸水しやすい綿・麻・レーヨン・キュプラの布地*を選び，にじまないようにするためナイロン筆に少しの豆乳をつけ，文字や絵を描く。チャコペンで下絵を描いておくと，同じ箇所を2〜3回なぞることができるので十分に豆乳をしみ込ませることができる。　　　　*布に水を1滴落とし，吸水する状態で吸水しやすいかどうかを調べる。

3　草木染めで染める場合は，綿や麻などがあまり染まらず，毛や絹がよく染まる染料を選ぶ。酸性染料や合成着色料（酸性染料の一種）を使用する場合はくえん酸か食酢を加える。

4　自然乾燥またはヘアードライヤーで乾かした後，そのまま染色液に浸し，豆乳で描いた箇所が濃く染まったら水で洗って乾かす。

2　染色液のつくり方 — ハンカチ大の布30〜40枚染める場合 —

1　天然染料の場合
①台所用水切りネットに天然染料を砕いて入れる（1袋25〜50gのものを4袋くらい用意する）。
②ほうろう容器を用い，約3〜5ℓの水で30分以上煮沸して色素を抽出する。できた抽出液を取り出し，残った天然染料で，2回目も同様にして色素を抽出する。
③1回目と2回目の抽出液を混ぜ，ポリバケツか2ℓPET容器でつくったビーカー型容器に抽出液を入れて染める。ハンカチ大の布（約10g）であれば，抽出液の容器は5〜6個用意すると同時に多く染めることができる。
④天然染料染めは高温ほどよく染まるので，温度を下げないよう，途中で新しい高温の抽出液を加える。
⑤Tシャツなどの大きいものを染める場合は，大きめのポリバケツを用いる。

2　酸性染料（合成着色料）の場合
①染色液をつくる。酸性染料は毛・絹・ナイロン用合成染料である。酸性染料または合成着色料を約5〜10g取り，水約100mℓの入ったPET容器に入れて，くえん酸約5gとともに染料を溶かして染色液をつくる。
②60℃以上の熱水をビーカー型2ℓPET容器に約0.5ℓ入れ，染色液約10mℓを加えて混ぜる。
③天然染料の場合と同様に，5〜6個のPET容器を用意して染める。途中で新しい高温の染色液を加えるとよい。

材料 用具

材料 無調整豆乳, 綿布または麻布, 染料（天然染料, 酸性染料, 合成着色料）, 焼きみょうばん, くえん酸

用具 ナイロン筆, ビーカー型PET容器, ほうろう容器, ポリバケツ, 炊事用手袋, トング, 薬さじ, ガラス棒, 上皿天秤（最小目盛0.1g）, 台所用水切りネット, ステンシル, 新聞紙, ヘアードライヤー, チャコペン

留意点

- 豆乳は無調整を用いる。
- 吸水性の悪い綿布や麻布は豆乳が繊維内部に入りにくいので，染めても布の表面しか染まらず，洗うと脱色しやすい。
- 1クラス（30〜40人）で染める場合は，染色液が薄くならないように，少しずつ新しい高温の染色液を加える。
- 1クラス（30〜40人）でハンカチ大の布を染める場合，豆乳は1パック（200mℓ）でよい。染料は，天然染料で100〜200g，酸性染料や合成着色料で約10g必要である。
- 酸性染料または合成着色料を使用した場合，水質を汚さないために染色終了後に次亜塩素酸ナトリウムの漂白剤を少量加えて色素をできるだけ漂白してから流すようにしたい。

酸性染料を用いた豆乳染め

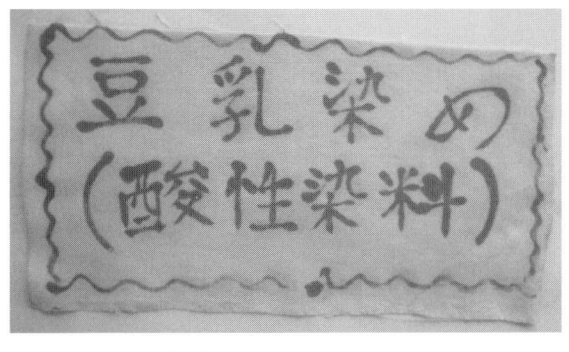

豆乳で文字と枠を描く

矢車附子を用いた豆乳染め

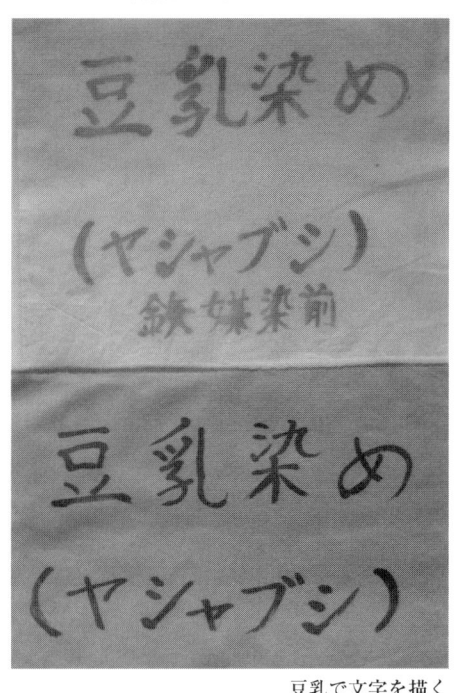

豆乳で文字を描く
（上：無媒染，下：鉄さび媒染）

玉ねぎの皮を用いた豆乳染め

ステンシルと文字を描く

豆乳染め作品例

左：白い部分は脱色法を使用
右：文字と絵を描き縁をかがり縫い

衣・食・住《実験題材》

⑧ 草木染めと媒染剤の関係を調べよう
くすみがちな草木染めをくっきり染めよう

　草木染めは，植物の花・葉・茎・根・果実・皮・幹などに含まれる色素を煮沸して抽出し，そのままで染めることができるものもあるが，媒染剤を使用することで美しく発色したり，濃色になったり，色止めの効果があったりするものが多い。
　ここでは，染色に使用される媒染剤の不思議な現象を調べてみる。

【所要時間 1 ～ 2 時間】

関連内容 本書「草木染めの応用 – 大錦鶏菊や黄花コスモスなどで染めた不思議な布」(p.78)

ねらい
・草木染めは媒染剤によって発色したり，色が変わったりすることに気づかせ，大昔からアルカリ性の灰汁や石灰水，酸性の柑橘類に含まれるくえん酸や木の実のタンニン酸，鉄分を含む泥水などを使って染めていたことを体験する。
・今日では各種の金属塩類が使われることが多いが，環境上問題があることに目を向けさせ，安全・安心の媒染剤を使うようにする。

指導上の位置づけ
◆草木染めは媒染剤の力をかりて染めるものがあることを知る。
◆各種金属媒染剤の環境上の問題を考える。
◆安全・安心の媒染剤を考える。

1　カモミールやマリーゴールド染めでみょうばん媒染剤のパワーを知る（口絵写真参照）

1. 5月ごろに黄色い花を咲かせているカモミール（カミツレ）や夏のマリーゴールドの花弁（花びら）・花心を摘む。生花を冷凍または乾燥保存したものでもよい。

2. 生の花弁・花心約50g（乾燥品約10g）を台所用水切りネットに入れて，水約1～2ℓで30分以上煮沸するか，熱水中にひたして色素を抽出する。

3. 染色液を50℃以上に保ち，綿・麻・絹などのハンカチまたはハンカチ大の布（5～10枚分）を染める。無媒染ではほとんど染まっていないことを確かめる。

4. 焼きみょうばん約2gを水1ℓに溶かした液に，3の布数枚を数分間浸す。ほとんど染まっていない布が鮮やかな黄色に変化することを確かめる。

5. 鉄さび液*を水約1ℓで薄め，3の布数枚を数分間浸す。ほとんど染まっていない布がオリーブ色に変化することを確かめる。

6. 4，5とも水で洗って乾かす。

　＊鉄さび液のつくり方：鉄くぎ約100g（10cmくぎ10本分）を水1ℓに食塩約10gと食酢10mℓを加えた液に1日以上浸す（新しいくぎはさびてから使う）。

2　巨峰の皮染めを酸とアルカリで媒染してみよう（口絵写真参照）

1. 巨峰の皮を集める。少ない場合はポリ袋に入れて冷凍して保存しながら集める。

2. 染色できるくらいの量（約100gでハンカチ4～5枚分）が集まったら，台所用水切りネットに入れ，水約1～2ℓで30分以上煮沸して色素を抽出する。

> **材料　用具**
> **材料** カモミールまたはマリーゴールドの生花または乾燥品，巨峰の皮，綿布など，焼きみょうばん，鉄さび液，重曹またはセスキ炭酸ナトリウム，くえん酸
> **用具** ポリバケツまたは2ℓPET容器（ビーカー型に切ったもの），2ℓ用ほうろう容器，ガスこんろ，上皿天秤（最小目盛0.1g），台所用水切りネット，ナイロン筆，500mℓPET容器（ビーカー型に切ったもの）

3 抽出液を60℃以上に保ち，綿・麻・絹などの布を3枚以上染める。

4 1枚目は無媒染，2枚目は酸媒染液（くえん酸約2gを水約1ℓに溶かす），3枚目はアルカリ媒染液（重曹約4gまたはセスキ炭酸ナトリウム約2gを水約1ℓに溶かす）にそれぞれ数分間浸し，軽く水で洗って乾かす。

5 無媒染布または酸媒染布にナイロン筆でやや濃いめの重曹液をつけて文字や絵を描く。赤紫色の布に緑青色の文字や絵が現れることを確認する。

6 アルカリ媒染布*で汗をふいたり，雨水につけて色の変化を調べる。

　*アルカリ媒染布は空気中の酸素によって酸化されて色が消えやすいのでポリ袋に入れて保存したり，消えたら再びアルカリ液に浸して色を出す。

3 濃紅コスモス・うす紅コスモス・白コスモス*の花びら染めを媒染してみよう

1 花の色が異なるコスモスの花弁のみをそれぞれ約50g（乾燥品約10g）を台所用水切りネットに入れ，水約1～2ℓで30分くらい煮沸してそれぞれの色素を抽出する。

2 抽出液を50℃以上に保ち，綿，麻，毛，絹の布を染め，**1**，**2**と同様に焼きみょうばん，酸，アルカリで媒染する。

　*白いコスモスが黄色に染まるわけ：白コスモスの花びらには黄色と紫外線に近い青色が含まれるので白く見える。青色は水溶性で染まらず，染色するとみょうばん媒染で黄色のみ染まるためと考えられる。白い百合や野菊などの花弁なども同様に黄色に染まる。

4 媒染剤とは

　媒染剤とは，染料（色素）が繊維内部に染着しにくい場合や染着しても色が淡い場合などに用いる助剤で，天然染料にも合成染料にも用いる。媒染剤としては酸やアルカリのほかに，アルミニウム，鉄，銅，クロム，錫などの水溶性金属塩が用いられる。金属塩には銅やクロム，錫のような有害なものも多くあるので，環境上問題となっている。

> **参考**
>
> **アントシアン（アントシアニン）を含む天然物の染色**
> 　アントシアンは花青素と書くように，色が青や紫の花に含まれる色素である。代表的な花は矢車菊である。その他，巨峰やベリーAなどのぶどう，八重桜や山桜の果実，黒米，紫キャベツ，しそ，紫イモ，なす，二十日だいこんなど多くの植物に含まれている。これらのものから抽出された色素は巨峰の皮と同様に酸とアルカリで色が変わるので，p.78で扱う大錦鶏菊と同様に2色で字や絵が描けたり，汗や酸性雨の検出布やリトマス試験紙の代わりに利用できる。
>
> **フラボン（フラボノイド）を含む天然物の染色**
> 　フラボンは黄色の色素化合物の総称で，天然の花，果実，茎，根などに存在している。例えば，カモミールやp.78で扱う大錦鶏菊と黄花コスモス，菊などの花に含まれ，みょうばん媒染で濃い黄色に染まりやすくアントシアンと同様に酸とアルカリで色が変わるものが多い。
>
> **カモミールについて**
> 　カモミールはカミツレ，カミルレともいい，キク科の1年草または多年草である。ヨーロッパ原産で，発汗解熱作用があり，薬用やカモミール茶として飲用するために栽培している。黄色の花を咲かせるものをダイヤードカモミール（染料カモミール）という。

衣・食・住⑧

衣・食・住《実習題材》

❾ 草木染めの応用
大錦鶏菊や黄花コスモスなどで染めた不思議な布

　草木染めは媒染剤によって染色の色が変わることは本書 p.76 で紹介している。一般的には草木染めは毛・絹・ナイロンはよく染まり，綿・麻・レーヨン・キュプラのセルロース繊維は薄くしか染まらず，アセテート・ポリエステル・アクリルはまったく染まらないものが多い。

　ここでは，綿・麻・レーヨン・キュプラが毛・絹・ナイロンと同じくらいよく染まる大錦鶏菊や黄花コスモスの花弁・花心，黒く熟した木の実などを使って染め，酸媒染とアルカリ媒染の染色の色の違いを応用した不思議な染色をしたり，汗や酸性雨の検出をしてみる。　　　　　　　　　　　　　【所要時間 1〜2時間】

ねらい
- 草木染めで綿や麻を濃く染める染料が少ない中で，大錦鶏菊や黄花コスモスはむらなく均一に染めることができることや，酸とアルカリで発色が異なることを知る。
- 一度染色した布は酸またはアルカリ溶液に浸すことで再び発色させることができることを利用して，「描いて・消して・また描ける布」，「発汗や酸性雨の検出布」として使えることを知る。

指導上の位置づけと特徴
- ◆小学校から高等学校まで，安全・安心して不思議な染色ができる。
- ◆描いて，消して，再び描けるので失敗しても安心して描ける。
- ◆ニンヒドリンと違って，発汗の検出に安全で安心して，しかも繰り返し実験ができる。
- ◆酸性雨の検出に繰り返し使える。
- ◆初夏は大錦鶏菊，秋は黄花コスモス，冬は木の実を使って，季節の花や実染めができる。乾燥保存すればいつでも使える。

1　大錦鶏菊や黄花コスモスの花弁・花心と木の実で染める（口絵参照）

1. 5〜7月に全国的に自生（一部栽培）している大錦鶏菊や9〜11月に咲いている黄花コスモスの花弁・花心，冬に熟して黒くなった木の実（さかき，ひさかき，いぬつげ，楠など）を集める。花弁・花心は花の終わりのころに集めたり，1〜2月の木の実を採取したりして，台所用水切りネットに入れて乾燥して保存すればいつでも使える。

2. ハンカチ大の綿や麻布を1クラス（30〜40人）で染める場合，生の花弁・花心約100g（乾燥品は約20g）または木の実約500gを台所用水切りネットに入れて，熱水約2ℓで30分以上浸すか，煮沸して色素を抽出する。1回目を抽出したもので2回目も同様に抽出する。

3. 1回目と2回目の抽出液を混ぜ，2ℓPET容器をビーカー型に切って50℃以上の抽出液を約0.5ℓ入れて染色する。染色液を数個用意すると同時に多く染めることができる。

大錦鶏菊染めの無媒染布にアルカリ液で描く

材料・用具

材料 綿布，大錦鶏菊または黄花コスモスの花弁・花心（生または乾燥品），いぬつげなどの木の実，くえん酸，重曹（またはセスキ炭酸ナトリウム，消石灰），焼きみょうばん

用具 ポリバケツ，ビーカー型 PET 容器，トング，炊事用手袋，ナイロン筆，上皿天秤（最小目盛り0.1g），薬さじ，ガラス棒，pH試験紙またはpHメーター

留意点

- 酸とアルカリ溶液のpHによって発色性が少し異なるので，pHで色をコントロールするとよい。
- アルカリ液染めは水中の酸素で酸化するので，水洗いは軽く行う。また，空気中の酸素でも酸化して徐々に黄色に変化する。
- 汚れたとき弱アルカリ性洗剤や石けんで洗うと赤みを帯びる。黄色に戻すにはくえん酸液に浸す。
- 大錦鶏菊は特定外来植物に指定（2006年）されているので栽培したり，移植したりしない。

[4] 無媒染で4枚以上の布を染めるか，1枚の布を染めてから4枚に切るかして，次のような染め方をしてみる。
 a：無媒染（そのまま）
 b：焼きみょうばん約1gを水約1ℓに溶かした液に浸す。
 c：くえん酸約1gを水約1ℓに溶かした液に浸す。
 d：重曹約2gを水約1ℓに溶かした液に浸す。

[5] a～dとも水洗いして乾かす。なお，cとdの液は別のPET容器に約20mℓ残す。c，dのpHを測定しておくとよい。

[6] 次のことを試してみよう。*1, 2
 1) a，b，cの布に[5]で残した重曹液を筆につけ，文字や絵を描く。
 2) dの布に[5]で残したくえん酸液を筆につけ，文字や絵を描く。
 3) dの布を使って発汗した汗をふいてみる。
 4) dの布を使って雨水につけてみる。

＊1：1)，2)の文字や絵は[4]のc，dの液に浸すと瞬時に消すことができるので，ヘアードライヤーで乾かして再度描くことができる。お絵かき用の布としても活用できる。
＊2：3)，4)の実験後，再び[4]のdの液に浸して乾かせば，繰り返し使用できる。

活用　染色布で酸性かアルカリ性かを調べてみよう

身近にあるしょうゆ，ソース，ジュース，果物，マヨネーズなどの調味料や食物，石けん・合成洗剤・シャンプー・リンス・漂白剤・柔軟剤などの洗浄剤はそれぞれ酸性，アルカリ性，それとも中性だろうか，[4]のaまたはbの布を使って調べてみよう。果物やマヨネーズなどは染色布の一端を付着させて調べる。

参考　酸とアルカリで発色が異なる花や木の実

春：矢車菊，金せん花，大錦鶏菊，桜の実など
夏：サルビア，ラベンダー，マリーゴールド，ばらなど
秋：菊，コスモス，黄花コスモス，サフラン，しそなど
冬：さざんかやつばきの花，さかき，ひさかき，いぬつげ，楠，車輪梅などの木の実

酸とアルカリで発色が異なるものはたくさんあり⑧（p.77）であげているアントシアンを含む食品以外に，季節の花や木の実などの多くのものが黄花コスモスなどのように染めることができる。

黄花コスモスの花染め

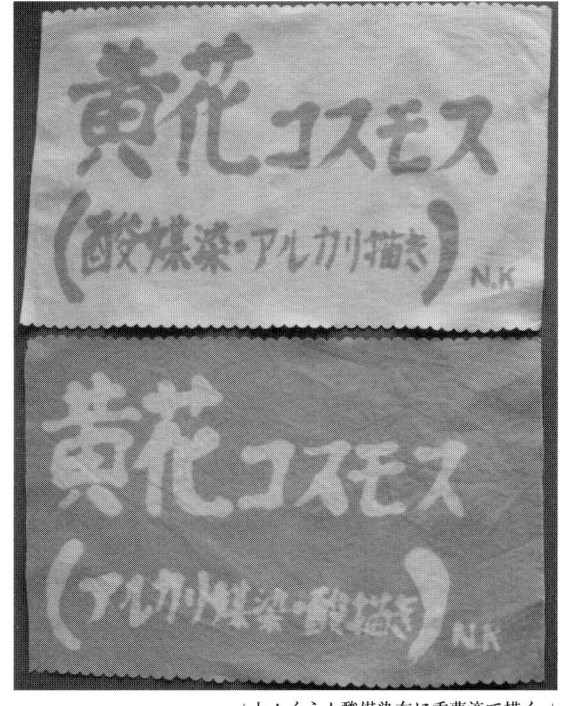

（上：くえん酸媒染布に重曹液で描く）
（下：重曹媒染布にくえん酸液で描く）

2　ニンヒドリン法に代わる安全・安心の発汗部位検出法（口絵参照）

1. 大錦鶏菊または黄花コスモスの生花（約20g）または乾燥品（約4g）を台所用水切りネットに入れ，水約2ℓで煮沸するか熱水に約30分間浸す。1回目を抽出した残りを水約2ℓで再び色素を抽出する。

2. 1回目と2回目で抽出した染色液約4ℓの中へTシャツを浸して黄色に染める。

3. 重曹約2gを水約1ℓに溶かした液に浸して黄色のTシャツを赤っぽく染め，乾かす。

4. 3のTシャツを直接肌に着て，運動などをして汗をかく。

5. 黄色に変化した部位を調べる。

6. 調べた後軽く水洗いし，再び3の液で赤っぽく染め，乾かした後，4，5を繰り返し調べる。この方法は同じTシャツで何回も繰り返し使用することができる。

3　繰り返し使える染色布で酸性雨の検出をしてみよう

1. 大錦鶏菊や黄花コスモスなどで染色した布（綿布など）を重曹の溶液に浸してアルカリ染色し，乾かす。

2. 雨が降り始めたら適当な容器で雨を少量集め，1の染色布を浸す。

3. 酸性染色布のような色に変わるかまたはアルカリ染色の色が消えるかを調べ，酸性雨かどうか判断する。

4. 使用後は洗ってから再び重曹の溶液に浸し，アルカリ染色布にして乾かす。ポリ袋に入れて密封しておくと酸化しにくいので色が保ち，使用したいときにすぐ使えることや，繰り返し利用できるので，リトマス試験紙やフェノールフタレインなどの溶液の代用ができる。

大錦鶏菊染めのアルカリ媒染メリヤス肌着を着て汗をかいた状態

（白っぽいところが黄色に変色した発汗部位）

参考

大錦鶏菊について

　大錦鶏菊はキク科ハルシャギク属の宿根性多年草で，原産地は北アメリカである。花は黄金色で美しく，長い期間咲いているので，明治中頃に観賞用に輸入した。その後，緑化用としても広まり，特に国土交通省が河川敷や道路ののり面に種をまいて広めてきた。花びらがにわとりのとさかに似ていたり，キジ科の錦鶏の羽根の色に似ているところから名付けられた。花びらは一重のものが多いが，八重（二重〜五重）のものもある。

　大錦鶏菊は宿根性で，種もたくさんでき，やせた土地や乾燥地でも育つので，急激に繁殖して在来の植物をおびやかしていることから，2006年環境省が「特定外来生物」に指定し，今後は種や苗を販売したり，新たに栽培することを防ぎ，これ以上増やさないようにした。

大錦鶏菊の花弁と花心（左：一重，右：八重）

　大錦鶏菊染めは種ができる前に花弁と花心を採取するので，少しでも種から増やさない効果がある。

　大錦鶏菊と黄花コスモスの花弁・花心には黄色の色素（フラボン）のフラボノイドを含み，青紫色の色素アントシアニンと同じように，酸とアルカリ媒染で色が変化する。

黄花コスモスについて

　黄花コスモスはキク科の1年草で，メキシコ原産である。コスモスに似ているが，高さがおよそ50cmと低く，9〜11月に濃い黄色または黄金色に咲く頭状花である。開花期が長いので，観賞用に庭や畑，公園や道路沿いに栽培している。花弁は一重のものが多いが，八重のものもある。種や苗は園芸店で入手できる。

黄花コスモスの花弁と花心

道路沿いに群生する大錦鶏菊 　　　　黄花コスモス

冬に黒く熟す木の実について

・いぬつげはモチノキ科の常緑低木で山地に自生し，垣根や庭木に植える。夏に白い花が咲き，冬に実が熟して黒くなる。雌雄異株なので実のつかないものもある。
・ひさかきはツバキ科の常緑低木で山地に自生し，庭木にする。さかきの代わりに用いる。春に白い花を束状につけ，冬に黒い実を木や枝にびっしりつける。

いぬつげの果実 　　　　ひさかきの果実

衣・食・住⑨

衣・食・住《実験題材》

⑩ 縫うということ
「縫いしろがある」vs「縫いしろがない」,「織物」vs「編み物」

「なぜ,縫い目があるのだろう？」と考えたことはないだろうか？ 布を自由自在につくり出すことができるようになったとはいえ,つくり出すことが可能な大きさ・量や材質には限界がある。科学・技術の展開に支えられ,布・糸・繊維になる材料の発見と布・糸・繊維をつくり出す道具や機械の発展が絡まり合いながら布・糸・繊維はつくり出され,製品がつくられてきたことを理解させたい。【所要時間1時間】

ねらい
・縫い合わせることの意味を考えさせる。
・縫いしろのしまつの必要性を理解させる。
・縫う技術を活用して,不用衣類を活用する実践的態度を養う。

指導上の位置づけ
◆被服製作の導入として,縫い合わせる場合の縫いしろの意味を理解させ,必要に応じた縫いしろのしまつの方法を考えさせる。

1 考えてみよう ―「縫いしろがある」 vs 「縫いしろがない」

縫いしろが「ある」「ない」ことで,どんなメリットやデメリットがあるのだろう。

	縫いしろがあるTシャツ	縫いしろがないTシャツ
重量		
フィット感		
着心地		
裁断時に出るカットロス		
価格		

参考 衣類と縫い合わせ

使う布の構造によって,衣類には縫い目ができる場合とできない場合がある。

布の構造は,大きく①織物 ②編み物 ③フェルトの3種類に分けることができる。これらの布が平面である場合,人間の体を覆うなんらかの衣類を立体的につくる場合,縫い合わせる必要が生じる。織物を使った衣類の場合,縫い合わせてつくられている。

ニット素材(編物)を使った衣類をつくるためには,①最終的な形まで成型して編む ②身ごろなどに分割し半成型にしたパーツをつなぎ合わせる ③成型せずに編んだ生地を裁断・縫製するの3方法がある。服装のカジュアル化・多様化が進行する現在,③の方法を用いたカットソーの需要が高まっている。カットソー(cut and sewn)とは,ニット素材を裁断(cut)・縫製(sew)してつくられる衣服の総称を指し,綿ジャージ素材などを用いるため,布端のほつれ防止にロックミシンをかけ縫製される。一方,セーターなどのニット衣類は,身ごろやそでなどの平らなパーツを編んだ後,縫製作業を経て完成するのが一般的である。近年では,ホールガーメント(無縫製)の技術により,一着まるごと立体的で縫い目のない(=継ぎ目のない)衣類が普及し始めている。

資料 イヌイットとトランポリン

トランポリンは厳しい自然環境で暮らすイヌイットの人びとの生活にそのルーツがあるといわれる。布をつくろうにも糸になる繊維を含む植物がなく,入手できるのは狩猟で得たアザラシなどの毛皮のみで,限られた面積の毛皮でも,手間をかけ加工し縫い合わせることで大きな面積をつくり出すことができた。トランポリンでは,持ち手と飛び手が呼吸を合わせ,シートの上を飛び跳ねる飛び手が氷の雪原を上空から見下ろし獲物を探す。縫う技術がなければ,体を覆う衣服はもちろん,毛皮の材料となる獲物をとる手段となるトランポリンをつくることができなかった。縫うことが生命と生活に直結する技術であることが理解できよう。

材料 用具
材料 着なくなったワイシャツ（織物・綿）・着なくなったTシャツ（編み物・綿）：各10cm四方の布片
用具 ビーカー，水，かきまぜ棒

留意点
● 攪拌する強さは同じ程度となるようにする。
● 布片の布目はあまり通っていないほうが効果が短時間で出る。

2 実験してみよう ―「織物」vs「編み物」

1 同容量のビーカーを2つ用意し，同量の水を入れ，それぞれに布片を入れる。

2 5分間，ビーカーの中心部を目安にかきまぜ棒で同じ回数攪拌する。

3 ビーカーから布片を取り出して変化を観察し，縫いしろのしまつの意味を考える。

資料 縫い目のない衣類，ほつれない衣類

1枚布で編み上げ，縫い目が全くないシャツや，どこで裁断しても糸がほつれないパンツなど，機能に特徴を持たせた衣類が販売されている。肌に敏感な人や乳・幼児衣類，サイズ変更が頻繁なマタニティー衣類，縫いしろを表にひびかせたくない女性用下着類などに多く採用されており，防水性をうたう「完全防水」の衣類にも縫い目からの浸透がないことから用いられている。価格は従来品より数倍高い。

縫い目のない衣類は，そでと身ごろを縫い合わせないで1枚の布で編み上げてあり，縫いしろが当たらない分，着心地がよい。

ほつれない衣類は裾やそでの長さを好きな位置で切ることができ，どこで切ってもほつれないという特長がある。

必要度と経済性を考え，慎重に選びたいものである。

活用 つくってみよう ― 小ぎれを使った敷き物づくり

着なくなった・着られなくなった衣類のリサイクルをかねて小ぎれをつくろう。小ぎれを材料に，組み合わせを楽しみながら縫い合わせてランチョンマットやなべ敷き・かごや引き出しの中敷きとなる敷きものをつくってみよう。バイアステープやブランケットステッチなどで布端をしまつすればできあがりである。

アイデア次第で布を最後まで使い切ることができる。

参考 手芸にみる生活の知恵

パッチワークやキルト，刺し子やこぎん刺しなど，洋の東西を問わず，布をつなぎ合わせたり補強する技術として「縫う」ことが用いられ目的や用途に合わせた多様な縫い方が生み出された。布が貴重品で入手困難だった時代，手持ちの布をいかに活用し，最後まで使い切るかを思案する過程で，縫い合わせる技術は発展・洗練されてきた。手芸のルーツをたどると，布製品の使用・着用において実用性と装飾性を両立・共存・融合するべく知恵をはたらかせ，工夫を重ねてきた先人たちの生活への願いを読み取ることができる。

こぎん刺し

参考 縫うときは道具をそろえ，安全に留意しよう

縫うことに欠かせない道具には，針やはさみなど，扱いを誤ると危険なものがある。縫いものの際，①針を使わないときには，針山に刺しておく ②折れたり曲がったりして使えなくなった針は特定の容器に入れておく ③刃物を使わないときはキャップをしておく など安全に留意して作業をすすめよう。

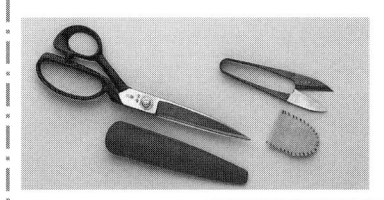

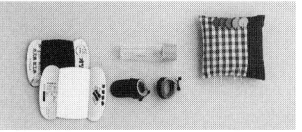

衣・食・住《実験題材》

⑪ アイロンを上手に生かそう
アイロン温度と適用繊維の関係

アイロンは衣服のしわを伸ばしたり，プリーツのような折り目をつけるときなどに使っている。衣服の取り扱い表示ラベルの絵表示にアイロンのマークがあったり，アイロンの温度表示の位置に繊維名がついている。アイロンで失敗しないためにこれらの表示を上手に活用して，安全で適切に使えるようにする。

【所要時間1時間】

ねらい
- アイロンや衣服に表示してある高温・中温・低温の意味を知り，適用繊維があることや，アイロンで失敗しない方法を知る。
- 霧吹きとアイロンのスチームを上手に使い分ける方法を知る。

指導上の位置づけ
◆日常，家庭等で使用しているアイロンを失敗せず，安全で適切に使えるようにする。

実験1 アイロン温度と適用繊維の関係を調べる

1. 各種繊維布を幅約1.5cm，長さ約10cmに切って試験布をつくる。

2. 試験布をアイロン台に並べ，アイロンを低温（約100℃）にして約5秒間当てる。

3. 変化した試験布を除き，アイロンを中温（約150℃）にして約5秒間当てる。

4. 変化した試験布を除き，アイロンを高温（約200℃）にして約5秒間当てる。

5. アイロンを当てた2～4の試験布からアイロン温度と適用繊維を知る。

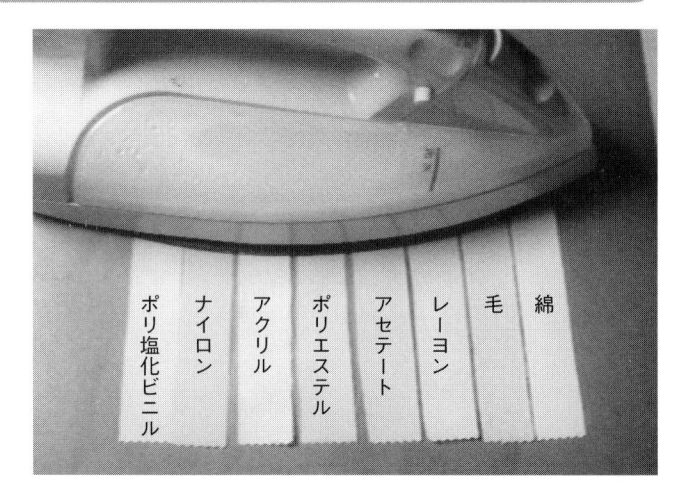

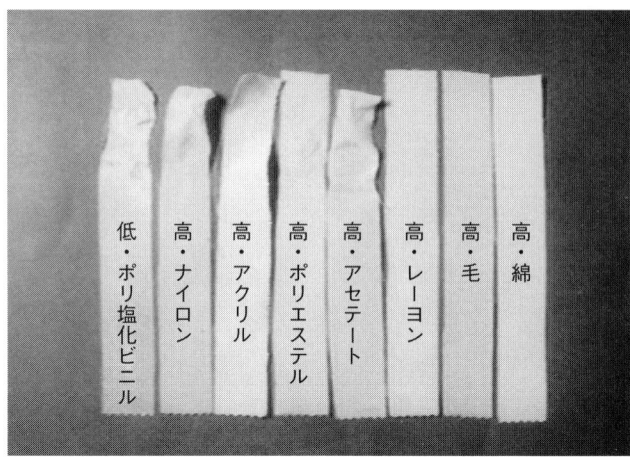

参考　アイロン面についた溶融物の除き方
実験中にアイロン面に溶融物が付着することがある。これを除くには，アイロン温度を処理温度より少し高くして，ぬれたぞうきんでふきとる。

各種繊維布を低温（約100℃）と高温（約200℃）で5秒間アイロンを当てた後の変化した状態。レーヨン，毛，綿は形状の変化は見られないが，毛は少し黄変が見られる。

材料　用具

材料 綿，毛，レーヨン，アセテート，ポリエステル，アクリル，ナイロン，ポリ塩化ビニルの布
用具 スチームアイロン，霧吹き，アイロン台

実験2　衣服のしわ伸ばしは霧吹き，スチーム，それともドライがよいだろうか

1. 約 10cm × 10cm の綿と毛の布を各3枚つくる。

2. それぞれ3枚を重ね，手で握ってしわをつける。毛織物はしわがつきにくいので，なるべく薄地の布（モスリンやポーラなど）を選び，強く握ってしわをつける。

3. 綿と毛のしわをつけた布を，アイロン温度180度とし，霧吹き，スチーム，ドライで約5秒間当てる。

4. 綿，毛とも3枚の布のしわ伸ばしの効果を比較する。

参考

アイロンマークと適用繊維

マーク	アイロン温度	適用繊維
高	180〜210℃	綿，麻
中	140〜160℃	毛，絹，レーヨン，キュプラ，ポリエステル
低	80〜120℃	アセテート，ナイロン，アクリル，ポリウレタン
アイロン不可		ポリ塩化ビニル

各種繊維布の適切なアイロンかけ

綿，麻：高温，霧吹き
毛：中温，スチーム
レーヨン，キュプラ，絹：中温，霧吹きまたはスチーム
アセテート，アクリル：低温，ドライ（霧吹き・スチームは不適）
ポリエステル：中温，ドライまたはスチーム
ナイロン：低温，スチームまたは霧吹き

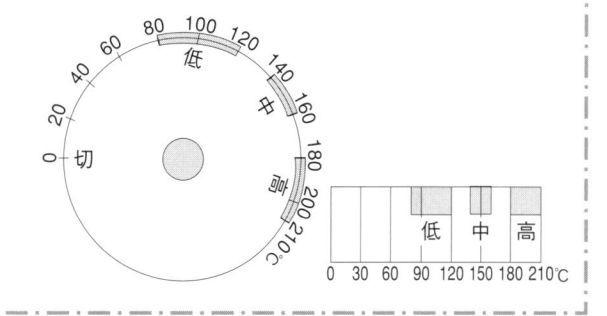

アイロンの温度表示

アイロンの温度はバイメタルで制御しているので，右図のようにアイロン温度（0〜210℃）が等分して表示してある。例えばアイロン温度を130℃にする場合は，低温の右端（120）と中温の左端（140）の中間に合わせる。

資料

綿は霧吹き，毛はスチームが効果的なわけ

霧とスチームでは水滴の大きさが大きく異なる。綿織物は，スチームが糸や繊維間を通過して水分が吸収されず，効果が少ない。一方，毛は，はっ水性があって霧の水分は表面に付着するだけで，スチームのように吸湿できないので，効果が小さい。綿と毛の吸水性と吸湿性の違いが関係して，霧吹きやスチームでのしわのばしの効果に影響している。

また，吸湿性のある繊維の布がドライではしわがあまり伸びないのは，吸水性や吸湿性がしわ伸ばしに影響しているためである。

アイロンの変遷

こて
ひのし 
左：炭火アイロン　右：初期の電気アイロン
スチームアイロン 
コードレスアイロン

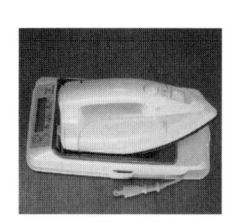

衣・食・住《実験題材》

⑫ 夏の水まき効果はどれくらい？
気化熱で涼しさを体感

　灼熱の太陽が照りつけるなか，木陰に入ったり川辺を歩くと清々しさを感じる。また，夕方，打ち水された道を歩くと涼しさを感じる。そこには体感というわたしたちが肌で感じる涼しさがある。そこで，水まきは本当に温度を下げることができるのか実際に測定し，その効果を考える。　　【所要時間２時間】

ねらい
・涼しさを感じるとは，どういうことなのか，水まきの効果を，温度測定や体感を通して認識する。
・効果的な水まき方法を考える。

指導上の位置づけ
◆「快適に住まう」「消費行動と環境」の一つの題材として扱う。
◆水まきの計測を通して，より効果的な「涼」をとる方法を考える。

実験1　水をまく，まかない状態で温度測定

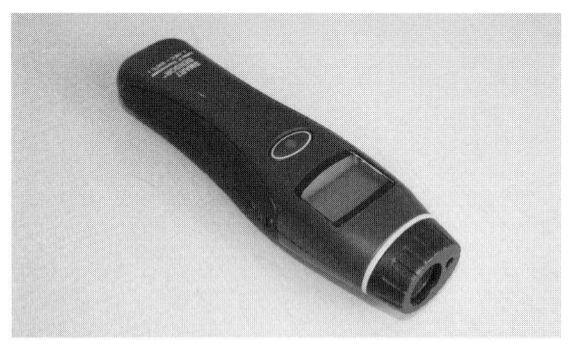

通常の状態　　水をまく　　直後　　10分後
測定　　　　　　　　　　測定　　再測定

1. スマートセンサーは，地表の温度測定に用いる。Switch を押すとレザー光が照射され，温度は画面中央に表示される。10秒間操作しないと自動的に電源が切れる。
デジタル温度計は，大気温度の測定に使用する。
実験の測定時間を決める。

2. 水をまかない状態で温度測定をする。
１m四方程度の地面に水をまき，それぞれ温度測定をする。
10分後同じ位置で温度を再測定する。
地面からの測定距離はそれぞれ同じにする。

3. それぞれの温度差等について考察する。

実験2　水をまく，まかない状態で体感測定

1. 水をまいていない地面に目隠しをした状態で立つ。
2. １m四方程度の地面に水をまく。目隠しをした状態でその場に立つ。10分後も同じ状態で立つ。
3. どちらが涼しさを感じるか，涼を感覚で測る。

※実験１を実施するとき，実験２も併せて行う。

用具　被検地

用具 温度計測器（商品名：スマートセンサー），デジタル温度計，目隠しタオル（アイマスク）

被検地 グランド，アスファルト道路など

留意点
- スマートセンサーのレーザポインターの光を直視しないこと。
- 朝方，昼間と夕方など測定時間の設定を考える。夏の水まき効果は何と関連するのか考えさせるとともに，涼しさは，湿度と関係することもおさえておく。
- 人の体感感覚は，温度・湿度・着衣・代謝によって異なることをおさえておく。
- 外気温とともに室内温度にも目を向けるとよい。そして，冷房使用を抑えることが，温暖化防止につながることを認識させたい。
- 風鈴，団扇，扇子，打ち水，簾などわが国では古くから涼をとるための安全・安心な工夫がある。

1 ワークシート

夏の水まき効果はどれくらい？

調べてみよう！

① 水をまかないときの温度，水をまいたときの温度および10分後の温度をそれぞれ測定する。
② 涼しく感じたか，記録する。

	水をまかない		水をまく		水をまく（10分後）	
	温度	涼しさ	温度	涼しさ	温度	涼しさ
時	℃	感じる　感じない	℃	感じる　感じない	℃	感じる　感じない
時	℃	感じる　感じない	℃	感じる　感じない	℃	感じる　感じない
時	℃	感じる　感じない	℃	感じる　感じない	℃	感じる　感じない

考えよう！

① 測定温度に違いがあれば，その理由を考えよう。
② 涼しく感じるか，その体感感覚の違いは何故起こるのか考えよう。
③ 水まきはどの時間帯が望ましいか，実験結果などから考えよう。
④ 「夏の涼」をとるための工夫として，まき水（打ち水）以外に何があるか考えよう。

①測定温度	
②体感感覚	
③水まきの時間帯	
④涼の工夫	

備考

水まき…雨水利用
　家庭でできる取組として有効なものに雨水利用がある。本来なら下水口に流して捨てる水を雨樋から取水して庭先やベランダに設置した雨水タンクに貯留，活用することで，上下水道にかかるエネルギーを減らし，地球温暖化防止にも貢献できる。
　緑のカーテン（グリーンカーテン）などと併せて行えば，さらに省エネ効果を高めることができる。

涼を感じる…体感感覚
　夏は風を受けて汗の蒸発を高めると，体表温度が下がり涼しく感じる。

参考

昼間の水まきは効果なし？！
　一時的に温度が低下しても，太陽光により温度が上昇。湿度が高くなり，かえって逆効果になるくらいである。持続的に水まきを行う場合は別である。

緑のカーテンは涼を生む
　ゴーヤー（にがうり）や朝顔などのつる性の植物をネットや壁にはわせてつくる植物のカーテンは，葉が太陽の直射日射や放射熱を防ぎ，室内への熱の侵入を緩和するとともに，葉の水分が涼を生み出す。5月半ばに植え付ければ，夏には窓を覆うくらいまで成長する。

衣・食・住《実験題材》

⑬ カーテンの遮蔽効果を調べよう
影の映らないカーテンを探そう

　カーテンの遮蔽機能とは，外からの視線を遮断し，同時に，室内の影を見えなくすることをさす。今日，住宅間が狭くなり，窓と窓が近接するようになった。プライバシーを守りつつ，快適に暮らすためには，どのような工夫が必要だろうか。ここでは，夜間にかけられたカーテンが果たす役割について考えてみよう。

【所要時間1時間】

ねらい
・カーテン生地の種類を知る。
・カーテンの機能を理解する。
・室内や屋外の明るさを測定し，生活空間の明るさについて理解する。

指導上の位置づけ
◆繊維製品であるカーテンを扱うため，被服領域の教材とすることができ，同時に，住宅や住まい方から，住居領域の教材としても扱うことができる。複合的な視点をもつ教材として扱いたい。

1 方法

1 カーテンボックスをつくる
①箱（しっかりしたダンボール箱でよい）を用意し，カーテンをかけるための開口部，電球を通す穴，カーテンを入れ替えるための取り換え口をつくる。取り換え口のうち，1辺は切り取らずに折り曲げ，開閉できるようにすると便利である。
②開口部の上部に，カーテンをかけるための角材を固定する。
③穴から箱の内部に電球を取り付ける。電圧調整器を取り付けると，電球の明るさが調整できる。

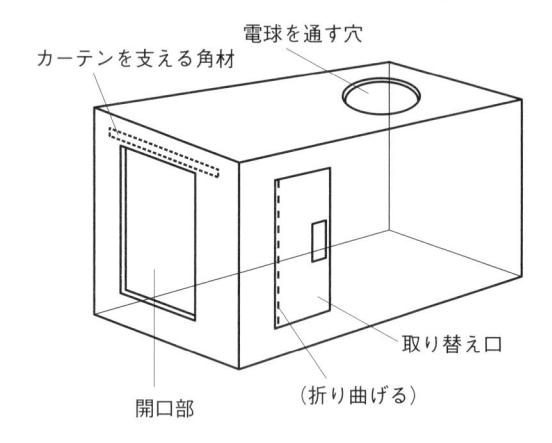

2 カーテン試料をつくる
①カーテン生地を開口部より大きめに裁断する。
②裁断したカーテン生地を角材に接着剤などで固定し，カーテン試料とする。
③カーテンボックス・開口部の角材に，カーテン試料の角材をのせて，開口部にカーテンをかける。

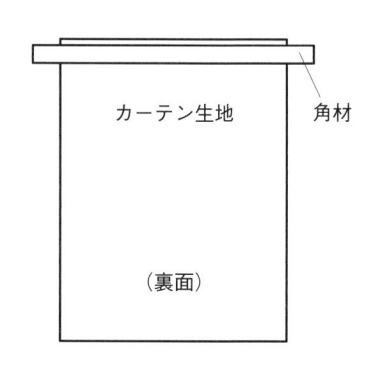

材料・用具

材料 カーテン生地（ドレープカーテン，レースカーテン，ケースメントなど），角材，接着剤

用具 暗室，箱，電球，ソケット，延長コード，照度計，電圧調整器，ランドルト環モデル（人形などでも可）

留意点

- 暗室など，室内を暗くできる場所で行う。
- 電球は熱を帯びやすいので，電球周りに燃えやすい素材のものを用いない。また，熱くなった電球の取り扱いに注意する。
- 暗さに目を慣れさせる時間があるとよい。
- 結果は個人差が大きい。

3 ランドルト環モデルをつくる

① 厚紙からランドルト環（直径 75mm，環の幅 15mm，環の切れ目 15mm）と同様の形を切り取る。
② ①を台に固定し，ランドルト環モデルとする。
③ カーテンボックス内のカーテンと電球の間にモデルを置く。

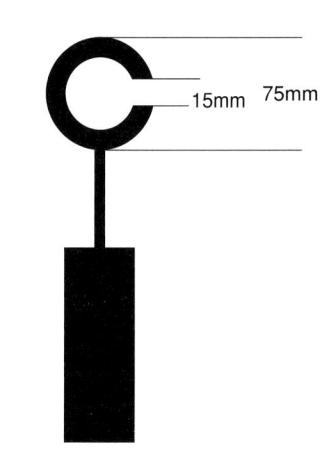

4 ランドルト環モデルを見る

① 電球を点灯し，カーテンボックスから離れたところからカーテンを通してランドルト環モデルを見る。このとき，電圧調整器を介している場合は，徐々に電圧を上げる。
② カーテンにランドルト環モデルが映ったり，透けて見えたりしたときの，カーテンボックス内の照度を照度計で測定する。
③ ランドルト環モデルの位置を変化させたり，ボックス内外の明るさを変化させたりして，カーテンの様子を観察する。

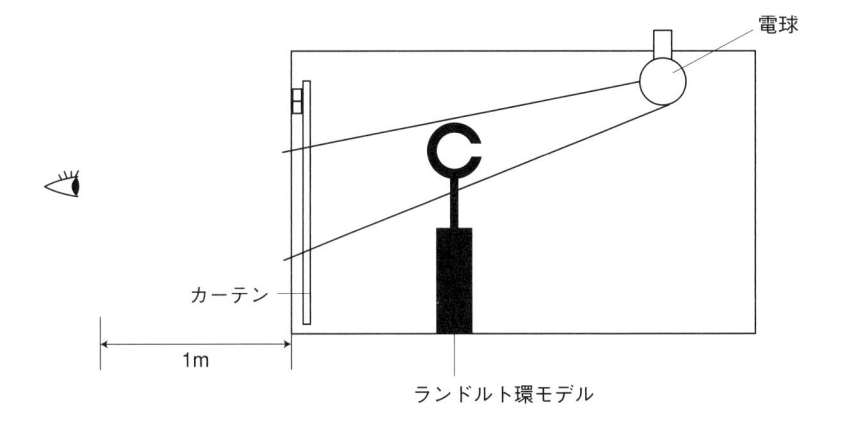

参考：ランドル環とは？

ランドル環は視力検査に用いる切れ目のある黒いリングである。視力検査では，5mの距離から検査表のランドル環の切れ目の向きを一定の明るさ（200～300lx）のもとで見分けて視力を判定する。

資料 カーテンの種類

カーテンとは，開口部の上枠か天井面から直接吊るなどして取り付け，日照の調節や視線の遮断，断熱，保温，吸音，防音，窓回りの装飾などのために用いられる幕類のことである。

カーテンにはさまざまな種類があるが，大別するとドレープカーテン，レースカーテン，特殊カーテンに分けられる。ドレープカーテンは厚手で緻密に織られたものをさし，平織，斜文織，朱子織のほか，ゴブラン織，ふくれ織，風通織などで織られている。レースカーテンは透視性のある薄手のカーテンの総称で，ボビンレースやラッセルレースでつくられる。素材はポリエステルが多い。特殊カーテンは遮光性カーテンや防炎性カーテン，抗菌性カーテンなどがある。このうち，遮光性カーテンは遮光性能のある特殊な樹脂を布地にラミネートしたものや遮光性の強い特殊な黒色糸を織り込んだものなどで，直射日光をさえぎる日よけ材として用いた場合，冷房消費電力の節約に効果があるとされている。防炎カーテンはアクリル系樹脂などの難燃性素材や防炎加工剤を塗布したもの，ガラス繊維など不燃性素材を使用したものなどがある。消防法により高層ビルや劇場などで使用するカーテンには防炎性能を有することが義務づけられており，ラベルや下げ札などの防炎表示がつけられている。

（軍司敏博他『インテリアテキスタイル』建帛社，1989年より）

衣・食・住《実習題材》

⑭ 机の上の明るさを調べよう

針に糸を通すなど細かい仕事をするとき、手元が暗いとなかなかうまくいかないという体験をもつ人もいる。普段は気づかない作業面の明るさを調べてみよう。場所によって、照明のあり方などによってずいぶんと違いがあることがわかる。また、目を酷使する情報端末の作業についても目の機能と明るさの面から考えてみよう。

【所要時間50分】

ねらい
・いろいろな場所の作業面の明るさを計測してみることを通して、明るさと能率、目の機能との関係などを学び、見ることへの意識を高める。

指導上の位置づけ
◆住居分野の日照等と関連づけて指導するとよい。
◆学校で行う作業の中で、最も照度を必要とするものの一つが「裁縫」である。被服製作への導入時に照度調査を行うのもよい。

1 実習の事前指導

1. 明るさにはさまざまなとらえ方と計り方とがあることを知る。

2. いろいろな場所の照度を測ることを知る。照度の計り方を学ぶ。

2 実習

1. 教室内で各自の机の上の照度を計測する。

2. 教室内の位置による照度の差を検討し、カーテンの開閉や照明の有無などで照度がどう変わるかを比較する。

3. 学校内の他の場所の照度を計測し、教室との比較を行う。

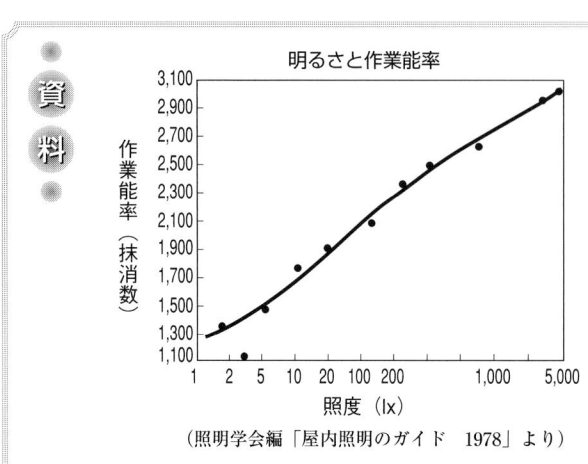

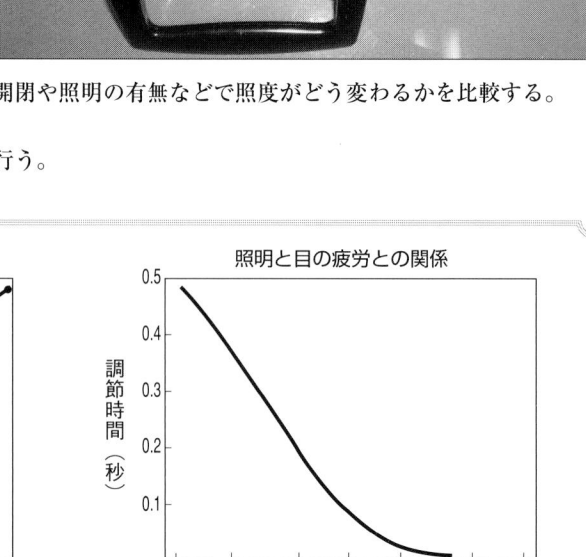

資料

明るさと作業能率

(照明学会編「屋内照明のガイド　1978」より)

照明と目の疲労との関係

(照明学会「最新やさしい明視論　1977」より)

材料・用具

用具 照度計

留意点
- 照度計は受光面の照度を計る物であるので，机の上に水平に置いて計るのが基本である。
- 照度計は，計測照度範囲を切り替えて使うアナログの計測器とデジタルですべての照度範囲をカバーする物がある。計測範囲を切り替える計測器の場合は，適切な範囲になるように注意する。

資料 照度基準（JIS Z9110）

学校（屋内）

照度(lx)	場所		作業
1,500			○精密製図　○精密実験
1,000			○ミシン縫い　○キーパンチ
750		○製図室　○被服教室 ○電子計算機室	○図書閲覧　○精密工作 ○美術工芸制作　○板書
500	○教室　○実験実習室　○実習工場 ○研究室　○図書閲覧室　○書庫 ○事務室　○教職員室　○会議室　○保健室　○食堂　○厨房　○給食室　○放送室　○印刷室　○屋内運動場		○てんびん台による計量
300			
200		○講堂　○集会室　○ロッカー室 ○昇降口　○廊下　○階段　○洗面所　○便所　○渡り廊下	
100			
75			
50	○倉庫　○車庫　○非常階段		
30			

備考　視力や聴力の弱い児童・生徒が使用する教室，実験実習室などの場合は2倍以上の照度とする（聴力の弱い児童・生徒の場合は，主として他人のくちびるの動きを見て言葉を理解する助けとしている）。

住宅

照度(lx)	居間	子供室, 勉強室	食堂 台所	寝室	家事室 作業室	浴室 脱衣室	便所	廊下, 階段	門, 玄関 (外側)
2,000									
1,500	○手芸 ○裁縫				○手芸 ○裁縫 ○ミシン				
1,000									
750		○勉強 ○読書							
500	○読書 ○化粧1) ○電話2)		○食卓 ○調理台 ○流し台	○読書 ○化粧	○工作	○ひげそり1) ○化粧1) ○洗顔			
300									
200	○団らん ○娯楽3)	○遊び			○洗たく				
150									
100									
75							○全般		○表札·門標 ○郵便受け ○押ボタン
50								○全般	
30									
20				○全般					
10									
5									○通路
1									

1) 主として人物に対する鉛直照明度。　2) 他の場所でもこれに準ずる。　3) 軽い読書は娯楽とみなす。

参考　VDT症候群

パソコンなどの画像情報端末（Visual Display Terminal）を使って長時間作業する場合，モニターを見ることが無意識に目の筋肉を緊張させ，まばたきの回数が減ることが知られている。そのため目の表面が乾燥してドライアイになりやすく，目が疲れるだけでなく，頭痛や肩こり，吐き気などの症状が発生する。

休息を上手にとる，室内の乾燥に注意するなどのほか，照明や環境の整備によっても症状を軽くすることができる。

衣・食・住 ⑭

本書各テーマと関わっている内容との対応表

	本書各テーマ	衣生活	食生活	住生活	子ども・高齢者	福祉・介護	環境
子ども・高齢者・福祉・介護	①子どもにとって安全なおもちゃづくり — 手づくりおもちゃと交流の楽しさを味わう				○		
	②おもちゃを見直そう — 安全なおもちゃとは？				○		
	③幼児が喜ぶフェルトのマスコットづくり — 羊毛の草木染めでつくってみよう	○			○		
	④高齢者の衣を考える — 綿がよいわけは	○			○	○	
	⑤バリアフリーを考える — まちを歩き，観察し，写してみよう「地域のバリアフリー」			○	○	○	○
	⑥バリアフリーを超えて — まちを歩き，観察し，写してみよう「ユニバーサルデザイン」			○	○	○	○
	⑦介護食をつくってみよう		○			○	
	⑧介護食を食べてみよう，食べさせてみよう		○			○	
	⑨乳幼児の安全を考える — 乳幼児の見ている世界を実感しよう			○	○		
	⑩高齢者の食を考える — 寝たきりでは，どんなものが食べやすい？		○			○	
	⑪高齢者を体験してみよう — 寝たきり体験を通して介護を考える				○	○	
生活一般・環境	①軟水と硬水の違いを調べよう — 硬水はおいしい？ 硬水の泡立ちは？	○	○				
	②界面活性剤の性質 — 表面張力を下げる力とは？	○					
	③重曹＋天然サポニンの洗浄力 — 昔の知恵を活用した汚れ落とし	○					○
	④家電製品の安全で省エネルギーになる使い方 — 賢く省エネ家電製品			○			○
	⑤プラスチック類を分別しよう — 理由を知って納得してエコ実践		○	○			○
	⑥衣服のかびはどうして発生する — じめじめ対策を考えよう	○		○			
	⑦身近な危険物を知ろう — 乾燥剤，漂白剤，ぬめり除去剤など	○	○	○	○		○
	⑧体脂肪率から食生活を考えてみよう		○				
	⑨伝統的な工芸品を知ろう — 衣生活を中心として	○					

本書では，40事例を「子ども・高齢者・福祉・介護」「生活一般・環境」「衣・食・住」の3つに分類していますが，それぞれの事例は必ずしも一つの枠にだけ限定されるものではありません。それぞれ複合的な内容を包括している事例が多数です。

以下は，それぞれがどのような内容と関わっているかを一覧表の中に○印で示しています。

	本書各テーマ	衣生活	食生活	住生活	子ども・高齢者	福祉・介護	環境
生活一般・環境	⑩結び方でどう違う？ ― 結びの基本を知ろう	○					○
	⑪風呂敷の活用 ― 風呂敷はすてきなエコバッグ	○					○
	⑫身近な天然素材でアンモニア臭を除去しよう ― レモンの皮でアンモニア臭を消してみよう			○			○
	⑬室内の悪臭の元を探し，消臭を考えよう ― シックハウス対策をしよう			○			○
	⑭騒音や煤煙を考えよう ― 健康的な住まい方をめざして			○			
	⑮ウォームビズ，クールビズを生かして，二酸化炭素の削減に役立てよう	○		○			○
衣・食・住	①食品に含まれる水分はどれくらい？		○				
	②包丁を安全に上手に使いこなそう		○				
	③食品の新鮮さを調べよう ― 卵で知る，食品は新古でこんなに違う！		○				
	④地域に伝わる野菜を調べてみよう		○				
	⑤羊毛の草木染めでつくってみよう ― ホームスパンのしおりやブレスレットづくり	○					○
	⑥しみをとってみよう ― しみの性質に合わせたしみ抜き方法とは？	○					
	⑦豆乳を使って安全で不思議で楽しい染色 ― 濃淡染めでオリジナル染色作品をつくろう	○					
	⑧草木染めと媒染剤の関係を調べよう ― くすみがちな草木染めをくっきり染めよう	○					
	⑨草木染めの応用 ― 大錦鶏菊や黄花コスモスなどで染めた不思議な布	○					○
	⑩縫うということ ― 「縫いしろがある」vs「縫いしろがない」，「織物」vs「編み物」	○			○	○	
	⑪アイロンを上手に生かそう ― アイロン温度と適用繊維の関係	○					
	⑫夏の水まき効果はどれくらい？ ― 気化熱で涼しさを体感			○			○
	⑬カーテンの遮蔽効果を調べよう ― 影の映らないカーテンを探そう			○			
	⑭机の上の明るさを調べよう			○			

本書で使用する材料・用具など

　本書を有効に活用していただくためには，材料・用具等の準備が必要です。
　本書で利用している材料・用具の多くは家庭や学校等にあるもの，百円ショップやホームセンター等で売られているものを使っていますが，特殊なものや測定機器類は専門店を通して入手する必要があります。

　薬品（生活一般・環境①の炭酸ナトリウム，衣・食・住④のハイドロサルファイトナトリウムと炭酸ナトリウム）は理科担当の先生に相談して学校出入り業者から入手するとよいでしょう。

　計器類・測定機器類（生活一般・環境②，衣食住⑧のpH試験紙またはpHメーター，生活一般・環境④の電力測定器，⑧の体組成計，⑬・⑭の気体採取器と検知管，⑮の簡易騒音計と二酸化窒素測定キット，衣・食・住⑪の温度測定器またはデジタル温度計，⑫の電圧変換器，⑫・⑬の照度計）は，毎年出版される「科学機器総合カタログ」（TGKグループ発行，約1500ページ，無料）でメーカーや価格等を調べ，学校出入り業者から入手するとよいでしょう。
　「科学機器総合カタログ」は理科担当の先生または学校出入り業者にお尋ねください。

　その他，子ども・高齢者・福祉・介護③と衣・食・住④で使用する羊毛トップと天然染料，衣・食・住⑥で使用の酸性染料は95ページに記載のところで購入できます。

羊毛トップ

●ジャパン・シープ（株）　〒103-0023　東京都足立区鹿浜 8-5-14
　TEL：03-3857-6971　FAX：03-3855-0204

●ラ・メール（株）　〒606-8126　京都市左京区一乗寺向畑町 26-1
　TEL：075-634-5942　FAX：075-634-5943
　Web：http://www4.ocn.ne.jp/~lamer/

天然染料・酸性染料

●田中直染料店（株）　〒604-8247　京都市中京区三条通り小川西入ル
　TEL：075-351-0667
　Web：http://www.tanaka-nao.co.jp

●藍熊染料（株）　〒110-0034　東京都台東区雷門 1-5-1
　TEL：03-3841-5760　FAX：03-3841-6549
　Web：http://www.aikuma.co.jp
（注）Web は website の略。

―― 編著者 ――

日下部 信幸	（くさかべ　のぶゆき）	愛知教育大学名誉教授 東京福祉大学教授
石井 克枝	（いしい　かつえ）	千葉大学教授
工藤 夫美子	（くどう　ふみこ）	千葉県公立高等学校教諭

◆

青木 香保里	（あおき　かほり）	天使大学准教授
杉浦 愛子	（すぎうら　あいこ）	愛知学泉大学講師
高野 淑子	（たかの　よしこ）	千葉大学教育学部附属中学校非常勤講師
竝川 幸子	（なみかわ　さちこ）	京都府公立高等学校教諭
野中 美津枝	（のなか　みつえ）	千葉商科大学附属高等学校教諭

本文・口絵レイアウト	テオリア	表紙	ザイン
図版	中央美術	写真	フォト オリジナル

日本音楽著作権協会（出）許諾第 0803596 - 801 号

安全・安心な共生社会をめざした
新 図解 家庭科の実験・観察・実習指導集

2008年4月15日発行

編著者● 日下部信幸／石井克枝／工藤夫美子ほか5名
発行者● 山岸　忠雄
発行所● 開隆堂出版株式会社
　　　　東京都文京区向丘1丁目13番1号　〒113-8608
　　　　http://www.kairyudo.co.jp
印刷所● 三松堂印刷株式会社
　　　　東京都千代田区西神田3丁目2番1号
発売元● 開隆館出版販売株式会社
　　　　東京都文京区向丘1丁目13番1号　〒113-8608
　　　　電話　03-5684-6118
　　　　振替　00100-5-55345

定価は裏表紙に表示してあります。　ISBN978-4-304-02075-9
本書の内容を，無断で転載または複製することは，著作者および出版社の権利の侵害となりますので，
かたく禁じます。

©Nobuyuki Kusakabe, Katsue Ishii, Fumiko Kudo, 2008